自媒体生存手册

运营与变现

张冠凤 著

北方文藝出版社
·哈尔滨·

图书在版编目（CIP）数据

自媒体生存手册：运营与变现 / 张冠凤著 . -- 哈尔滨：北方文艺出版社，2023.9
 ISBN 978-7-5317-6006-1

Ⅰ.①自… Ⅱ.①张… Ⅲ.①网络营销—手册 Ⅳ.
① F713.365.2-62

中国国家版本馆 CIP 数据核字（2023）第 151227 号

自媒体生存手册：运营与变现
ZIMEITI SHENGCUN SHOUCE YUNYING YU BIANXIAN

作　　者 / 张冠凤		
责任编辑 / 富翔强　宋雪微	封面设计 / 仙　境	
出版发行 / 北方文艺出版社	邮　编 / 150008	
发行电话 /（0451）86825533	经　销 / 新华书店	
地　址 / 哈尔滨市南岗区宣庆小区 1 号楼	网　址 / www.bfwy.com	
印　刷 / 北京亚吉飞数码科技有限公司	开　本 / 710mm×1000mm 1/16	
字　数 / 150 千	印　张 / 14.5	
版　次 / 2023 年 9 月第 1 版	印　次 / 2023 年 9 月第 1 次印刷	
书　号 / ISBN 978-7-5317-6006-1	定　价 / 56.00 元	

前 言
PREFACE

随着自媒体时代的到来,不同类型的自媒体平台如雨后春笋般兴起,争先恐后地推出原创扶持计划,将自媒体经济推至高峰。

于是,一批又一批独具特色的自媒体账号和创作者脱颖而出,成为拥有众多粉丝且极具吸金能力的"超级账号"和"超级个体"。

撰写文章、拍摄视频、录制音频、开通付费专栏……随着内容创作的门槛越来越低,每个人都有机会打造自己的个人IP,产出爆款作品,实现财富升级。

那么,对于自媒体新人而言,没有经验该如何做自媒体?或者说,自媒体新人要如何选择入驻平台与领域?又该如何在激烈的竞争中生存下来,实现持续运营与流量变现的梦想呢?以上问题,本书将一一为你解答。

首先,本书介绍了自媒体的发展现状、未来趋势及确定平台与领域、分析数据的技巧,让自媒体新人对自媒体及其运营模式有初步的了解。

其次，本书针对资讯类、社群类、电商类、音频类、视频类及直播类自媒体平台的常见平台、账号注册流程、相关注意事项和平台运营与变现的技巧做了详细深入的介绍与解读，帮助自媒体新人了解各大自媒体平台的运营特色，掌握撰写优质图文、拍摄高质量的图片、构思与剪辑视频、制作音频、布置直播间的方法和技巧，并且展示与粉丝高效互动、专栏运营、开付费专辑、广告变现的诀窍，助力自媒体新人开启自媒体运营之路。

本书逻辑清晰，内容丰富，行文流畅，同时具有很强的实操性，书中特设的"运营智慧"和"经典案例"版块趣味性强，在增添本书可读性的同时，也能帮助自媒体新人全方位地理解与提升自媒体运营技能。

本书会告诉你如何选对平台，找准领域，高效输出优质内容，顺利实现流量变现。快翻开本书，开启你的自媒体旅程吧！

作者

2023 年 8 月

目 录
CONTENTS

第 1 章
新手入门，认识自媒体 / 001

1.1　什么是自媒体 / 003

1.2　自媒体的现状与未来 / 007

1.3　自媒体运营的门槛很高吗 / 011

1.4　确定平台与领域 / 016

1.5　自媒体运营，要学会看哪些数据 / 025

第 2 章
资讯类自媒体运营与变现 / 029

2.1　常见平台：头条号、百家号、企鹅号、大鱼号 / 031

2.2　账户注册 / 036

2.3　开通原创权益 / 047

2.4 评论互动 / 056

2.5 专栏运营 / 060

2.6 广告变现 / 063

第 3 章
社群类自媒体运营与变现 / 067

3.1 常见平台：微信、微博、QQ 等 / 069

3.2 账号注册 / 074

3.3 撰写优质图文 / 082

3.4 熟悉图文排版 / 088

3.5 粉丝互动 / 091

3.6 图文软广 / 094

3.7 文章打赏 / 098

3.8 广告展现 / 101

第 4 章
电商类自媒体运营与变现 / 105

4.1 常见平台：京东、淘宝、小红书等 / 107

4.2 账号注册 / 112

4.3 商品拍摄 / 119

4.4 详情页设计与展示 / 127

4.5 物流合作 / 131

4.6 客服与售后 / 132

第 5 章
音频类自媒体运营与变现 / 135

5.1　常见平台：喜马拉雅、荔枝 FM、蜻蜓 FM、企鹅 FM 等 / 137

5.2　账号注册 / 142

5.3　音频内容生产 / 147

5.4　音频剪辑 / 152

5.5　开通付费专辑 / 155

5.6　贴片广告变现 / 159

5.7　平台签约 / 162

第 6 章
视频类自媒体运营与变现 / 165

6.1　常见平台：抖音、快手、哔哩哔哩等 / 167

6.2　账号注册 / 170

6.3　视频的内容构思与拍摄 / 174

6.4　视频剪辑 / 179

6.5　平台订阅、分成、补贴 / 184

6.6　广告植入 / 186

6.7　短视频带货 / 190

第 7 章
直播类自媒体运营与变现 / 193

7.1　常见平台：点淘、京东直播、抖音直播、多多直播 / 195

7.2　账号注册 / 198

7.3　选　品 / 205

7.4　直播间布置 / 209

7.5　商品推荐 / 213

7.6　粉丝互动与打赏 / 216

7.7　坑位费与佣金 / 219

参考文献 / 221

第1章

新手入门，认识自媒体

自媒体时代，人人都可以是互联网信息的创作者、传播者，都可以在自己感兴趣的平台上发声。

众多自媒体平台的出现，极大地丰富了社会大众的生活，也为更多的普通人提供了展示自我想法和创意的机会。同时，自媒体强大的营销力也让更多的普通人通过自媒体创业找到新的生存与谋生之道。

1.1 什么是自媒体

1.1.1 年轻的自媒体

自媒体（We Media）是互联网时代的一种新型传播方式。2003年7月，自媒体及其概念被美国人谢因波曼与克里斯·威理斯首次提出，由此，自媒体进入大众视野。

自媒体属于新媒体的范畴。自媒体发展的时间并不算长，是比较年轻化的一种媒体传播方式，但它不是一种具体的媒体。

自媒体从诞生至今，大致经历了三个发展阶段：初始化阶段、雏形阶段、意识觉醒时代。这三个发展阶段之间并没有明显的界线，只是在不同的发展阶段，自媒体的传播表现形式不同。

雏形阶段
以博客、微博等为代表

意识觉醒时代
以公众平台、新闻客户端等为代表

初始化阶段
以BBS为代表

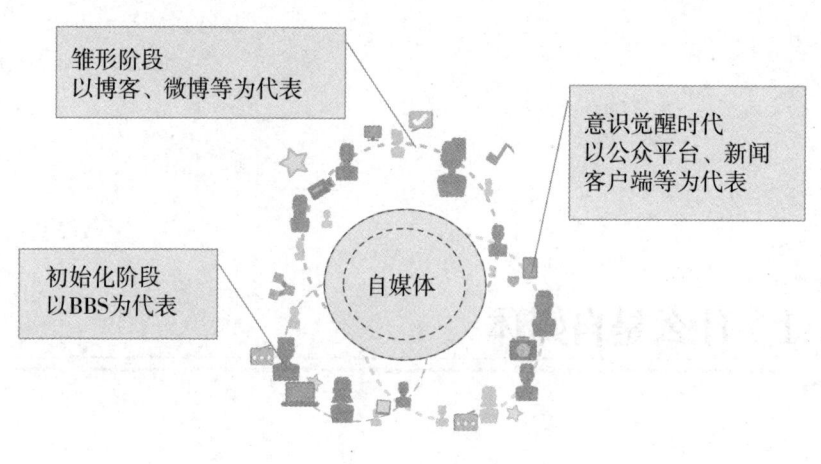

自媒体

自媒体发展概况

我国的自媒体发展始于2009年，以微博的上线为标志，就此打开了中国新媒体发展的大门。我国的自媒体从出现到发展至今，大致经历了四个发展阶段。

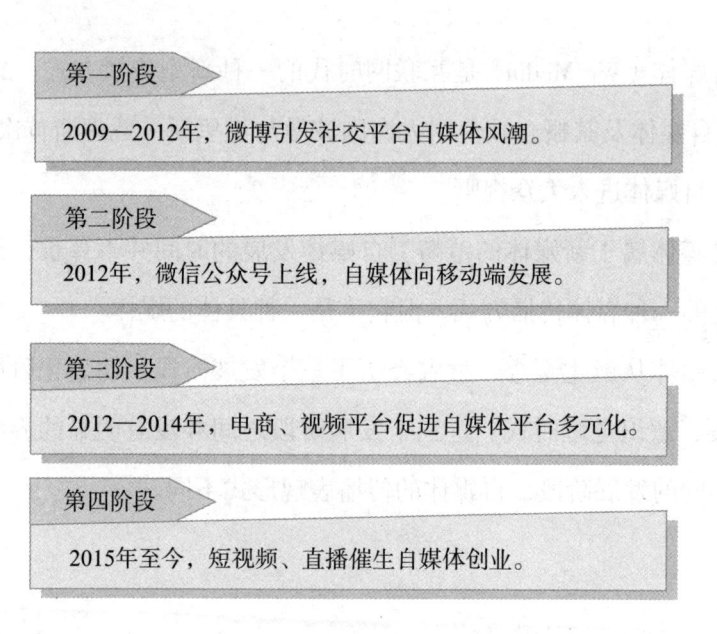

第一阶段
2009—2012年，微博引发社交平台自媒体风潮。

第二阶段
2012年，微信公众号上线，自媒体向移动端发展。

第三阶段
2012—2014年，电商、视频平台促进自媒体平台多元化。

第四阶段
2015年至今，短视频、直播催生自媒体创业。

我国自媒体发展阶段

1.1.2 自媒体的基本构成要素

从信息传播的角度来看，自媒体包括以下几个基本要素。

★ 传播主体

自媒体的传播主体是普通大众，传统媒体大多要求具备专业媒体知识的专业媒体人才能从业，而自媒体则是人人都可以参与其中。

★ 传播客体

自媒体的传播客体是事实或新闻，这也是自媒体的内容。

自媒体传播主体的广泛性决定了传播客体的广泛性，任何个人或社会事实都有可能成为自媒体的传播对象，即客体。而当这些事实引起社会广泛关注时，就会演变为新闻热点，这也印证了自媒体的强大。

自媒体的传播客体并不固定，它具体是文字、图片，还是音视频；是生活娱乐日常，还是体育赛事、才艺展示或新闻资讯，都由传播主体自主决定。

★ 传播载体

自媒体的传播载体为互联网。自媒体客体被不断浏览、再分享，是自媒体传播的主要表现形式，互联网为自媒体平台的正常运行提供核心的技术支持，因此，笔者认为，互联网是自媒体传播最根本的传播载体，是自媒体存在的底层基础。

如果缺少了互联网这个基础，那么社会大众所记录的事实就只能在私人领域和较小范围内传播，将不具有广泛传播的可能。

1.2 自媒体的现状与未来

1.2.1 自媒体的现状

在飞速发展的互联网时代，越来越多的人发现了自媒体的魅力，并积极地参与到自媒体行业中，成为自媒体创业者。

自媒体行业也进入到爆发式增长阶段，各种类型的自媒体平台如雨后春笋般涌现且发展迅速。最先受到人们欢迎的自媒体平台有微博、微信公众号、百家号、头条号等，在这些平台上，很多人都能轻松地注册账号、编辑文章、上传作品。

近几年，一些音频、视频网站也受到了人们的喜爱，成为自媒体行业中的下一个热点。在音频、视频类自媒体平台上，人们可以上传自己的声音或视频，也能聆听或观看他人的作品。

随着自媒体创作门槛变得越来越低，加入这一行业的人也越来越多。不管你是谁、来自哪里，只要你有想法，有表达的欲望，就可以随时拍摄视频上传到网站。如今，农民能在朋友圈里轻松编辑并发布卖农产品的广告；装修工人也能在抖音上轻松上传名为"干就完了"的劳作视频。

然而，因为自媒体是伴随网络技术的发展而出现的新生事物，所以其在我国的发展仍然处于成长期。也就是说，尽管自媒体行业在我国发展得异常迅猛，但其中还是存在一些有待完善的地方。自媒体行业在发展中主要存在以下几个问题：

第一，从业者多为业余爱好者，缺乏专业性和公信力。

第二，内容涉及的范围广，但深度不够，经常出现伪原创。

第三，资金欠缺，无法做大做强。

可见，自媒体行业虽然发展迅猛，却还不够成熟，其存在的问题必须引起重视并积极采取对策进行调整和完善，从而使整个行业逐步规范化，而这需要所有的自媒体人共同努力。

1.2.2 自媒体的未来

虽然当前的自媒体行业因为不够完善和规范而出现了许多问题，但只要广大自媒体人不断反思，积极修正，依然会有巨大的发展空间与开发潜力。随着这一行业的不断规范化，在未来，自媒体将变得越发丰富多元。

总体而言，自媒体行业的未来发展趋势主要体现在以下几个方面。

第一，运营者会更专业。随着我国自媒体行业的发展，会有越来越多的人加入到自媒体行业中，并且会在优胜劣汰的紧张局势中意识到提升专业素养的重要性。这意味着自媒体"草根为王"的时代已经告一段落，各大平台的自媒体运营将呈现出专业化、规范化的趋势。

第二，内容生产会更加垂直。虽然当前自媒体的内容已经涉及各个领域，但内容的深度还不够。而随着专业人士的不断加入，各大平台所生产的内容也变得更加垂直、更有深度。比如，一些从事传统媒体行业的新闻记者、主播等会将自己具备的专业知识渗入自媒体内容的创作中；一些兼职做自媒体的职场白领可以与广大受众分享职场晋升干货；一些法律从业者也可以在自媒体平台上普及法律知识；等等。

第三，内容付费的时代已经到来。所谓内容付费，指的是为各种形式的内容付费，最典型的有图书、音频、视频等。如今，越来越多的人愿意为获得知识而付费。比如，想要练习英语口语但又没有时间去上线下课程，那就可以购买直播课，与口语老师进行线上练习。

总之，未来的自媒体玩法一定会越来越正规，并会涌现出一大批真正有专业素养、有创作能力的自媒体人，源源不断地输出优质的内容。当这些创作者因为优质的作品而获利时，也会吸引更多的人加入这个行业。

运|营|智|慧

个人自媒体如何保持长久不衰

当下自媒体行业的竞争无比激烈，要想在如此严酷的形势下保持持久的生命力，就要想办法寻求新的发展出路，具体可以朝着这样几个目标前进。

● 组建团队，明确分工，共同面对前方"崎岖"的道路并勇敢跨越。

● 精准定位，划定范围，打造属于自己的风格。

● 多平台发布，吸引粉丝，扩大影响力。

● 积极寻找投资，寻求盈利手段。

1.3 自媒体运营的门槛很高吗

1.3.1 自媒体运营不需要多高的门槛

一提到自媒体，就会有人联想到"有才艺""会说话""懂学问"等词语，认为只有多才多艺的人才能做自媒体，甚至认为走红的自媒体人背后必然有一个强大的团队。事实上，只要你有一台连通网络的手机或电脑，并且会简单的操作，就可以在自媒体上发布内容，成为一个自媒体人了。

自媒体有极强的包容性。自媒体不会受地域、年龄、性别、长相、学历等限制，不管你身在何处，不管你的年纪多大，也不管你有没有高学历，都可以运营自媒体。也就是说，只要你会使用手机或电脑，就可以运营自媒体。

当然，如果你具有某种特长，将更利于你在自媒体平台的发展，你可以充分展示自己的才艺，进而更有机会获得不错的成效。

即使你不擅长与人交流，也没有什么才艺，但对自媒体有着极大的兴趣，那么依然可以进行自媒体制作，并试着运营它。比如，如果你是一名全职宝妈，你就可以利用闲暇时间从网上学习一些运营自媒体的方法，然后创作一些自己擅长的有关"育儿"方面的文章或视频，如"如何应对孩子无理取闹""如何给孩子制作辅食"等。

运营自媒体除了可以丰富你的生活，提升你的技能，还会成为你赚钱的一种方式，带你一边认识世界一边赚钱。

总之，自媒体运营的门槛一点儿都不高。如果感兴趣且有机会运营自媒体，那就大胆地尝试吧！

1.3.2 一个合格的自媒体人需要具备的素养

进入自媒体行业不难，难的是将自媒体做得风生水起，可以依靠它获得更大的财富。也就是说，运营好自媒体是一门学问。要想通过自媒体获得收益，至少要具备以下几个素养。

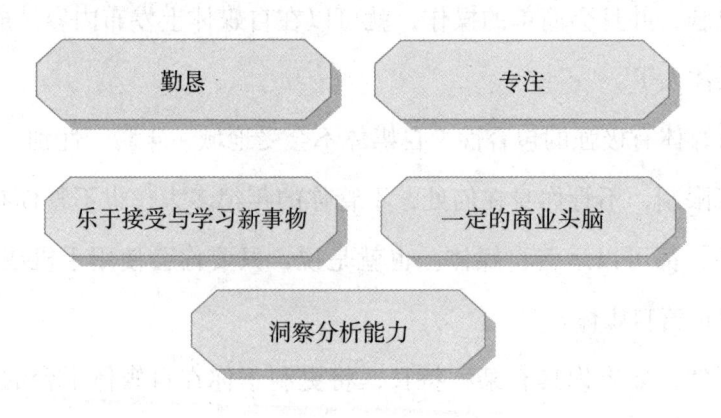

- 勤恳
- 专注
- 乐于接受与学习新事物
- 一定的商业头脑
- 洞察分析能力

一个合格的自媒体人需要具备的素养

第一，勤恳。做好自媒体不是一天两天就能实现的，而是要坚持创作，按时发布作品，积极与网友互动。只有勤恳地投入自媒体运营，才有机会取得成功。

第二，专注。做自媒体，一定要专注。比如，在创作作品的过程中，不能因为突然发现某个领域最近很"火"就临时"换赛道"，跟风模仿别人做类似的作品。自媒体人一定要有耐心，一旦选定了某个领域，就要尽可能地坚持下去，投入时间和精力让它运营得更好。

第三，乐于接受与学习新事物。积极主动地接受与学习新事物，才能更快地融入自媒体的运营中，也更有可能取得成功。换句话说，只有拥有互联网思维，能在第一时间接收信息，能灵活地操作各种软件等，才能收获更多的粉丝。

第四，一定的商业头脑。收获粉丝的目的是营销，因此，要想运营好自媒体平台，必须要有一定的商业头脑，这样才能为自己创造更多的经济价值。

第五，洞察分析能力。要运营自媒体还要有一定的洞察分析能力，这样才能准确地锁定受众的喜好，进而创作出受众喜爱的作品，达到更好的宣传效果。

1.3.3 入行容易，入门难

有些年轻人发现做自媒体可以"轻松月入万元"，于是马不停蹄地买设备，熬夜创作，很快开启了自媒体运营之路。在运营初期，确实因为领域选得好、作品有趣等受到了网友关注，获得了一些收益。可是，慢慢地，他们开始不那么积极，懒得创作，懒得与网友互动，更懒得学习自媒体知识，最后因为运营不善而不得已半途而废。

加入自媒体行业是很容易的，但真正地入门、成为合格的自媒体人却很难，需要运营者不断地学习新知识、输出新内容。如果你忽视了学习，不去构建、扩充自己的知识体系，就很难与其他的专业人士竞争，也很容易被平台淘汰；如果你只学习而懒得输出内容，很久才创作出一个作品，那么也会被受众遗忘。因此，如果选择了自媒体行业，那就要坚持学习自媒体运营知识，不断输出好的作品。

可以说，运营自媒体和普通的工作一样，是需要花费大量的时间和精力的，毕竟付出才有回报。因此，不要觉得运营自媒体是一项比普通工作"清闲"的事情，更不要因为一时冲动就放弃当下稳定的工作选择全职做自媒体，否则接下来你将承受难以想象的压力。如果你对自媒体真的很感兴趣，不妨在上班之余，尝试着去制作视频、撰写文章，将其作为一个副业去坚持，等累积了足够的经验、收获了丰沛的回报后，再做下一步打算。

当然，如果你已经选择了做自媒体，那就要认真对待，努力学习新知识，坚持更新作品。相信在不懈的坚持和努力下，你的自媒体会运营得越来越好。

运|营|智|慧

自媒体运营入门秘诀

自媒体时代，人人都可以参与自媒体运营，找到一部可联网的手机、一个自媒体平台就能开展自媒体运营。

有了设备，接下来就是寻找自媒体的内容，以下三招让你踏上自媒体运营之路。

● 分析当下热点领域，哪些内容传播更广泛，从这些内容中选择自己感兴趣的内容为切入点。

● 坚持正能量，坚持真实的内容和情感展现，不要妄图欺骗受众。

● 自媒体运营初期效果可能没有想象中好，但是不要频繁更换内容领域，坚持持续更新。

1.4 确定平台与领域

1.4.1 打好根基，方能稳步前行

俗话说："磨刀不误砍柴工。"只有打好前期的根基，后期的运营才能更轻松。

做自媒体并不是一件很难的事情，但总是有些人做着做着就放弃了。这是为什么呢？其实，这些人之所以会中途放弃，与其一开始没选对平台与领域有很大关系。

在运营自媒体之前，有的人不经思考，盲目选择某个平台与领域，认为后面有机会再调整。但是，当他们运营了一段时间后，发现之前选择的平台与领域并不适合自己，想要临时更改。这时重新选择平台与领域将会给接下来的工作带来很大的麻烦，甚至无法继续运营下去，陷入两难境地的他们只能无奈地放弃了自媒体创作这条路。

可见，运营自媒体一定要认真走好每一步，综合各方面因素选择一个合适的平台与领域。

除了选对平台与领域外，还要有合理的期望值。过高的期望值将会影响创作心态，从而对自媒体运营失去信心；而过低的期望值则会让你白白浪费时间和精力，感受不到自媒体运营带来的快乐。

1.4.2 选对平台，让你少走弯路

在刚进入自媒体行业时，自媒体人要选择一个合适的平台入驻，之后再慢慢扩大规模。

★ 什么是自媒体平台

自媒体平台是供用户完成创作、发布、传播内容，且方便用户交互信息的渠道或服务。具体而言，自媒体平台有以下特点：

- 直接发布内容
- 免费
- 便捷
- 交流不受时空限制

自媒体平台的特点

★ 自媒体平台的分类

在没做自媒体之前，人们对自媒体平台的认识可能只停留在表面，仅知道个别自媒体平台，如微博、微信、QQ等。其实，一旦开始做自媒体就会发现，自媒体平台数量很多，且有着多种多样的类型。其可以大致分为：资讯类自媒体平台、社群类自媒体平台、电商类自媒体平台、音频类自媒体平台、视频类自媒体平台、直播类自媒体平台等。

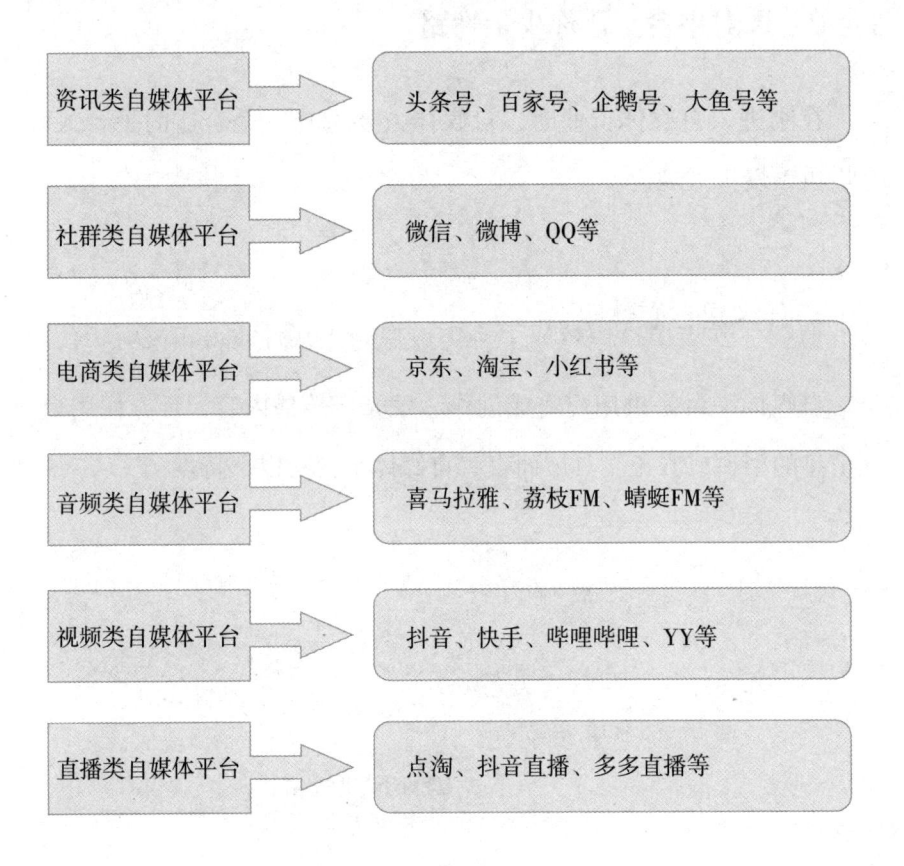

分类	代表平台
资讯类自媒体平台	头条号、百家号、企鹅号、大鱼号等
社群类自媒体平台	微信、微博、QQ等
电商类自媒体平台	京东、淘宝、小红书等
音频类自媒体平台	喜马拉雅、荔枝FM、蜻蜓FM等
视频类自媒体平台	抖音、快手、哔哩哔哩、YY等
直播类自媒体平台	点淘、抖音直播、多多直播等

自媒体平台的大体分类

在这些平台中，有的适合发布图文形式的作品，比如资讯类平台、社群类平台等；有的适合发布视频类作品，最典型的是以抖音、快手为主流的视频类平台；有的适合发布音频类作品，比如喜马拉雅、荔枝FM、蜻蜓FM等音频类平台。总而言之，不同的平台有不同的内容定位，各有其优缺点，自媒体创作者需要从各种现实情况出发，选择适合自己的、能够长期耕耘的平台开启自媒体创作之路。

★ 从自身角度出发，选择可以大显身手的平台

如果你是自媒体新手，不如先根据自身情况来选择平台。

假如你的文笔很好，那么可以选择做图文类平台。这样，你就能通过文字传递出要表达的观点，吸引更多的受众前来阅读。

假如你善于用摄像机或手机拍摄视频，并且懂得相关剪辑技巧，就可以选择做短视频平台。你可以上传一段精心拍摄的穿着中国传统服饰的视频，让全中国甚至全世界的人了解中国服饰的美和中国传统文化。只要大家对你拍摄的内容感兴趣，就会一直关注你，成为你的忠实粉丝。

假如你的社会经验丰富或者有某些专长，则可以选择长视频平台。你可以将自己的真实经历讲给网友听，当他们与你产生共鸣，就会关注你，进而追随你的动态。

假如你天生有一副好嗓子，那么就可以选择音频平台。你可以用好听的或是充满特色的声音给大家讲故事或唱歌，这样不仅能陶冶情

操，而且能获取更多的关注。慢慢地，你就可以在自媒体行业中做到游刃有余。

★ 从用户角度出发，锁定让你不被冷落的平台

选择平台除了要从自己的角度出发外，还要从用户的角度出发。毕竟，你要发布在自媒体平台上的作品是要面向用户的，只有保证作品是被喜欢的、被需要的，你才能有粉丝、有收益。

了解用户最直接的办法就是去那些比较火爆的平台上挖掘用户的特征与喜好。从用户的角度出发选择平台，将会让你的后续运营更加有效。

了解用户其实就相当于对市场进行分析与调研，这样可以让你的产品在进入市场之后有用户、被需要，进而有发展。

通常，了解用户应该从以下几个方面入手：

自媒体平台用户分析

第一，性别与年龄。不同性别与年龄的用户可能会选择不同的平台，如年轻男孩喜欢游戏、运动等，年轻女孩喜欢美妆、穿搭等。因此，在选择平台时可以考虑你要面向的用户群，然后再制定相应的方案。

第二，喜好与需求。不同平台的用户往往有着不同的偏好或需求，如抖音上的用户大多喜欢有趣的事物，而抖音上的各类视频能在一定程度上满足用户的好奇心需求、情感需求和娱乐需求；知乎上的用户更喜欢知识干货，而知乎平台上所提供的高质量内容、知识也能较好地满足用户提升自我的需求；等等。因此，自媒体新手在选择平台时也要考虑平台用户的喜好与需求，在创作作品时努力向其靠近，这样才能拥有更多的受众。

第三，职业及收入水平。从事不同职业、收入水平不一的用户，在各平台的消费能力及习惯也各有不同。比如，收入很高的企业高管可能更喜欢在官方旗舰店购买商品，一般不会在意价格；刚毕业的、收入较低的职场新人可能会先对比商品价格，综合考虑商品的性价比再决定在哪个平台购买。因此，自媒体新手在选择入驻平台时，应考虑未来要宣传、带货的产品是否能吸引你锁定的消费者。

1.4.3 找准领域，充分展示自己

选择一个合适的领域也是一个自媒体新人要认真对待的事情。只有选准领域，才能充分发挥自己的创作潜力；最大限度地展示自己，才有机会收获更多粉丝。具体可参考以下技巧锁定自媒体创作领域。

★ 是否足够喜欢、擅长、有前景

不少自媒体人正是因为在做自媒体之初没有充分考虑所要进入的领域，而在正式开启自媒体创作时出现了跨领域的现象，最终导致作品得不到关注。因此，在选择自媒体领域时，自媒体人应该先对自己提出下列问题：

寻找自媒体领域要考虑的问题

首先，你必须考虑这个领域自己喜不喜欢。兴趣是开启一项事业的重中之重。因为自媒体是需要持续创作的，所以只有保证自己足够喜欢某个领域，才可能一直坚持下去，越做越好。比如，你特别喜欢旅游，并且选择了自己最喜欢的旅游领域运营自媒体，那么你就可以始终抱有激情，为了创作出更好的作品而心甘情愿地付出，从而吸引更多与你有相同爱好的用户。

其次，你要问问自己擅不擅长这个领域。做自己擅长的领域会更轻松，不用花费太多的时间重新了解它、学习它，而是直接借助已掌握的技能开启自己的自媒体之路。比如，你从事的是财经方面的工作，就可以在平台中分享一些财经文章，这样更容易使受众信服。

最后，你要综合分析这个领域有没有前景。前景好意味着其原本就有大量的用户关注，当你选定并进入这个领域时，就不用绞尽脑汁地寻找用户。

★ 不断细分，向下深挖

如今，自媒体人可以选择的领域有很多，但只有做得精才能做得好，所以自媒体人在选择领域时一定要明确范围，进行细分，不断向下深挖，找到最适合自己的领域。比如，美食领域可以分为中国美食和外国美食，而中国美食可以细分为鲁菜、川菜、粤菜等八大菜系，八大菜系中又包含多种制作工艺及地方饮食文化等，如果你打算选择美食领域，那么就可以不断细分和深挖，直到找到适合自己的领域。

★ 参考当下的热门领域

如果你既没有足够喜欢的又没有十分擅长的领域，可以先去各大自媒体平台调研一番，了解当下比较热门的自媒体领域有哪些，再酌情考虑选择进入哪一个领域。当然，较为热门的领域通常竞争压力也很大，自媒体新人要做好足够的准备，深思熟虑后再去踏足这一领域。

经典案例

找准领域，事半功倍

张女士关注到最近短视频比较火，于是萌生了做系列短视频的想法，并开始尝试在短视频平台不断更新自己的日常。但一段时间过后，她发现作品的浏览量一直很低，粉丝数量也很少。

有一天，张女士的一个短视频作品突然在网上走红，引发了广泛关注。这个走红的短视频作品大致讲的是张女士为家人准备美食却意外翻车，这让张女士在短视频创作上找到了新的灵感。

随后，张女士开始专注美食制作分享，半成品的有模有样和成品的意外翻车总是让人出乎意料，从而引发了很多人的评论和点赞。张女士的作品也在该领域逐渐稳定下来，粉丝数量呈现不断增长的态势。

1.5 自媒体运营，要学会看哪些数据

1.5.1 为何要看数据

任何人都不能保证自己一定能在自媒体的道路上越走越远，越走越顺。可以说，做自媒体都是在摸索中前行，哪种选题好，什么样的标题更能吸引读者，这些都不是一开始就能知道的，而是要根据一些数据来判断。如果只是埋头苦做，不去分析自己的优势与问题，就很难进步。

另外，做自媒体的根本目的是使流量变现。如果不重视对数据的分析，就很难达到预期的目的。

因此，运营自媒体一定要注重对数据的分析。对于一个长期从事自媒体的人来说，数据分析必须纳入日常工作中。

1.5.2 值得看的数据

数据是最直观反映自媒体经营情况的因素，所以自媒体人要学会看数据。需要看的数据大致可以归结为以下三个方面：

自己的数据　　同行的数据　　平台的数据

数据分析的内容

★ 自己的数据

在运营自媒体的过程中，首先要学会看自己的数据。比如，要看所上传的作品的浏览量、点击量、评论数、热点评论、点赞数等。显然，作品的浏览量、点击量、评论数等越多，说明你的作品越受欢迎或是越受关注；如果数据不理想，则说明你的作品可能需要改进。

通过分析数据，你就知道自己的作品是否受欢迎，是否需要继续坚持或适当改进。同时，你也会在查看数据的过程中渐渐掌握用户的喜好，从而在之后的创作中根据用户的喜好调整和完善自己的作品。

★ 同行的数据

知己知彼才能百战不殆。通过对同行作品进行数据分析，可以更直观地了解对方的创作方向及运营方法，取其精华，去其糟粕，从而帮助自己更好地运营自媒体。比如，你可以多关注同行作品的浏览量、点赞量、评论数、热点评论、点赞数等，分析同行作品数据的高低原因。

如果同行作品的浏览量、点赞量等很理想，则可以深入研究，积极对标，寻求可以提高数据的方法；如果同行作品的数据惨淡，则要认真挖掘原因，规避类似问题。在比较中你会慢慢发现自己的优势与不足，并汲取更多的经验，让自己的账号更加健康地运营下去。

★ 平台的数据

除了要观察、分析自己和同行作品的数据外，自媒体人还要注意平台数据。平台数据包含很多内容，如热点话题、热门人物、热门作品及热门内容等。了解这些数据，可以有意识地让自己的作品适当地"蹭热度"，从而增加流量。

经典案例

勤看数据，少走弯路

有这样一位理发师，他为了能一边提升美发技术一边赚钱，便学着玩起了抖音。虽然他也像其他主播一样每天花心思拟标题，用心编写文案，上传自己的作品，可是半年时间过去了，始终都不温不火，甚至连点赞的人都很少。

有一天，这位理发师在与一位有着几十万粉丝的同行聊天时意识到了自己的问题。原来，他从来没有关注过自己后台的数据，更不知道数据对于运营自媒体有多重要。

很快，这位理发师开始采取补救措施，学习看数据、分析数据，找原因、改问题。经过一段时间的调整，他不仅知道了用户群体的特点，而且摸索出了适合自己及用户的风格，吸引了一大批粉丝的关注。用了不到半年的时间，他就通过抖音开始获利，并在自媒体道路上开辟出了属于自己的天地。可见，运营自媒体一定要讲究科学的方法，即学会看数据。

第 2 章
资讯类自媒体运营与变现

目前，我国比较常见的资讯类自媒体平台有头条号、百家号、企鹅号和大鱼号等。自媒体新人可选择一个或多个平台注册账号，发布作品，开通原创权益，阅读与回复评论，与粉丝互动。必要的话，也可以尝试专栏运营。待时机成熟后，就可以着手广告变现。

总之，只要你不断学习，积极尝试，坚持用科学的方法运营资讯类自媒体，你的自媒体运营之路一定会走得更顺畅。

2.1 常见平台：头条号、百家号、企鹅号、大鱼号

2.1.1 头条号

头条号原称"今日头条媒体平台"，其推出于2012年，是一款推荐引擎软件。要特别强调的是，头条号并不等同于今日头条，其是今日头条旗下的自媒体平台，属于今日头条的内容输出媒介。

头条号是自媒体平台中发展非常不错的平台，其背靠今日头条，流量较大，账号价值较高，粉丝价值也高，所以很适合自媒体新人入驻。另外，平台登录方式多样，且后台编辑功能十分强大，便于自媒体人进行创作。

如今，头条号取消了新手期，只要用户在头条号上注册成功，通过实名认证，即可通过发文获取收益。

在头条号中，变现方式多种多样，如发广告获得分成、开通小店

获得利润或赚取佣金、开通赞赏功能获得赞赏收益、回答网友问题获取收益等。只要自媒体创作者做好规划，脚踏实地地创作，严格遵守平台规则，就不用担心赚不到钱。另外，一些优秀的创作者还会收到客户的合作邀约。

当然，头条号也有不足，如新号很难产出爆文，流量容易被其他平台截走等，自媒体新人可根据自身情况酌情考虑是否加入这一平台。

2.1.2 百家号

百家号于2013年正式推出，属于百度旗下的一个可以支持内容创作、发布及粉丝管理的自媒体平台。和其他平台类似，百家号的变现方式基本上也包括广告分成、问答收入、原创收益等。

有百度作为后盾，百家号同样拥有较大的流量，平台上的优质文章能获得较大的曝光率，还有机会被推荐到百度首页，收获更多读者的关注，原创收益也非常可观。而且，百家号还有着超强的收录功能，只要在平台中发布过的文章，就能通过检索关键词在百度网站找到相应的文章，这也大大增加了作品被更多人看见的机会。

另外，自媒体人可下载百家号应用程序，随时随地在手机上进行创作，查看粉丝数、日收入等，使用起来非常方便。

需要强调的是，百家号对于作品内容的要求较高，唯有原创的、高质量的内容才能获得平台推荐。百家号绝对不会接受任何一个内容的"搬运工"，所以创作者必须全身心投入其中。

2.1.3 企鹅号

一说到企鹅号，你可能会第一时间想到 QQ 号，甚至将它们混为一谈。其实，企鹅号并不是 QQ 号，但它确实与 QQ 号有一定的关联。企鹅号隶属于腾讯公司，是内容创作运营平台，而 QQ 号是通信软件的账号。

相比其他自媒体平台，企鹅号的分发渠道较多，自媒体人在企鹅号上发布的作品，可同步上传至 QQ 看点、QQ 浏览器、微视、天天快报等腾讯旗下的其他平台，较多的分发渠道能够带来更高的流量和收益。

同时，平台还推出了百亿计划扶持内容创作者，致力于构建健康、持续、完善的内容生态圈，这对于自媒体新人而言是十分友好的。

企鹅号的变现方式有广告分成、流量变现、品牌植入、打赏、电商变现等。

需要注意的是，虽然企鹅号做独家的收益较高，但在引流方面是有一定难度的，尤其是营销类的文章。

2.1.4 大鱼号

大鱼号是一个门槛较低的内容创作平台，其隶属于阿里文娱，适合做娱乐相关的内容，而且流量也很好。自媒体新人选择了大鱼号，将享受到"一点接入""多点分发""多重收益"等服务。

大鱼号的平台优势

一点接入，即自媒体创作者可以在平台后台将创作好的文字、视频等一起推送出去，并传递给其他平台用户，十分便捷。

多点分发，即在该大鱼号上发布的作品能被同时发布至阿里文娱旗下的优酷、UC、土豆等兄弟平台，获得更多的流量曝光。

多重收益，指的是该平台的优质内容创作者能从各种渠道获得奖赏，收益十分可观。

大鱼号获得收益的途径主要有大鱼计划和大鱼任务。

这里提到的"大鱼计划"是大鱼号平台专门为创作者打造的一个计划，其目的是激励创作者创作原创内容。在这一计划的支撑下，创作者只要坚持上传高质量的原创内容，就会获得一定的奖励。如果你被平台认定为具备优质原创能力或潜力的创作者，则会获得大鱼奖金；如果你的内容运营能力达到了平台的要求，将会获得平台的广告分成；如果你能承诺独家供应给大鱼号优质的原创内容，还会获得独家激励。

运营大鱼号也会遇到一些问题，如平台的内容创作者必须拥有一定的等级才能开放收益。因此，除了坚持创作外，没有其他捷径可走。

当然，不同的平台有不同的优势和劣势，只要你摆正态度，充分利用平台的优势，就可以运营好自己的账号并实现变现。

2.2 账户注册

想要成为自媒体创作者，第一步是选对平台、注册账号，不管你是以个人名义还是企业名义创建自媒体账户，注册方法都是类似的。

资讯类平台的账户注册既可以在手机端完成，又可以在电脑端完成，下面重点演示电脑端的注册步骤。

2.2.1 头条号账户注册

在电脑端注册头条号账户需遵照以下几个步骤：

首先，在浏览器中搜索"头条号"，进入头条号官网入口；点击"立即注册"。

头条号注册页面

根据提示，填写手机号和验证码。

选择账号类型，如果是个人发文就选择"个人"。

进入账号详情页面，填写账号的名称、介绍、头像等。

勾选"请同意头条号用户注册协议"，点击"提交"。

注册成功，进入头条号平台后台首页。

头条号注册页面

为避免申请失败，在填写入驻资料时要注意以下几点：

第一，在头条号的名称和介绍中避免出现"博客"字眼。

第二，头像中不要有网址。

第三，如果想开通更多功能，需要完成实名认证。

2.2.2　百家号账户注册

在电脑端注册百家号账户的步骤大致如下：

首先，在浏览器中搜索"百家号"，进入百家号官网入口，点击下方的"注册百度账号"。

百家号注册页面

填写用户名、手机号、密码、验证码，勾选"阅读并接受《百度用户协议》及《百度隐私权保护声明》"，点击"注册"。

选择开通的百家号账号类型（包括个人、企业、媒体、政府、其他组织五种账号类型）；如果想注册个人账户，则点击个人账号下方的"选择"。

填写相关信息，点击"提交"。

完成实名认证，解锁更多功能权益，或直接点击下方的"进入我的百家号"。

百家号注册信息填写页面

百家号完成实名认证后页面

完成注册，进入百家号后台首页。

百家号后台首页

注册百家号时要注意以下细节，否则容易导致注册失败：

第一，头像、账号名称、简介都是必填内容。头像不可以出现广告、人名。账号名称中也不可以出现广告，最好使用与你选择领域有关的名称。签名的字数要在10—20个字之间。

第二，若有 MCN 邀请码可以填写，若没有可以不填。

第三，如果想开通更多功能，可以继续完成作者认证。

2.2.3 企鹅号账户注册

企鹅号的注册步骤大致如下：

首先，在浏览器中搜索"企鹅号"，进入"企鹅号 腾讯内容开放平台"官网入口；点击下方的"注册账号"。

企鹅号注册页面

这里有两种注册方式，即"QQ注册"和"微信注册"，可选其一，填写相关信息，点击"立即注册"。

来到企鹅号主体类型选择页面（包括个人、媒体、企业、政府、其他组织五种主体类型）；如果想注册个人账户，则点击个人账户下方的"选择"。

填写账号信息；勾选"我同意并遵守《腾讯内容开放平台服务协议》"；点击"下一步"。

企鹅号填写账号信息页面

填写管理者信息；填写联系人电话和验证码；点击"提交"。

信息注册提交成功，等待审核，审核通过便可享受更多账号权益。

注意，可在此步完成"实名认证"或"关联媒体信息"。

企鹅号注册信息提交成功页面

或在此步点击"进入腾讯内容开放平台"，直接进入个人平台页面。

企鹅号后台首页

在注册企鹅号时需要注意以下几点：

第一，要申请企鹅号首先需要有一个 QQ 号或微信号，如果没有，则可以根据页面提示注册账号。

第二，一个身份证号只允许注册一个企鹅号，所以，不要轻易将自己的身份证信息告知他人。

第三，在填写管理者信息时，平台会要求你提供本人身份证照片，所以必须提前拍好身份证正反面的照片；联系人电话最好填写能随时接收到消息的号码，以免不能及时获知审核消息。

第四，提交信息后，平台会在审核通过时以短信的方式告知你已经注册成功，并且在 3 个工作日内以站内信和短信的方式告知你审核结果。

2.2.4 大鱼号账户注册

大鱼号的注册流程可以参照以下步骤进行：

首先，在浏览器中搜索"大鱼号"，进入大鱼号官网入口；点击下方的"注册大鱼号"；输入手机号和验证码；点击"登录"。

大鱼号注册页面

选择入驻的大鱼号类型（包括个人/自媒体、媒体、企业、政府、其他组织五种类型）；如果想注册个人/自媒体账户，则点击个人/自媒体账户下方的"选择"。

填写账户基本信息；选择创作领域；上传证明材料（选填）。

填写联系信息；点击"立即认证"，完成实名认证。

勾选"我同意并遵守《大鱼号平台服务协议》与《隐私权政策》"；点击"提交"。

提交成功，进入大鱼号个人主页。

大鱼号后台首页

在注册大鱼号时需要注意以下几点：

第一，大鱼号会在注册过程中完成认证，所以要格外注意信息的填写，否则很容易注册失败。在完成实名认证时，需要打开手机淘宝应用程序扫描二维码，再根据提示一步步完成认证。

第二，注册完成后，入驻资料需要接受平台的审核，通常会在3

个工作日内反馈入驻结果。

头条号、百家号等资讯类平台的账号多数可以用手机号注册，有的平台还可以直接通过微信、QQ等第三方服务登录，免去了注册的步骤。

提交完注册信息后，平台会对你的基本信息进行审核，如果审核通过，将会很快给你发送一条短信，告知你已经通过审核。

选择创作领域时一定要慎重，因为其在后期是不可以随便改动的。不论选择入驻哪个平台，其账户名称最好与所选领域有关，如"×××带你吃天下美食""×××讲故事"等；账户的签名要符合创作领域的特点，如有关育儿的"祖国的花朵需要悉心养护"等；账户的头像要有特色，容易被记住。

运|营|智|慧

如何快速度过"新手期"

平台账户注册好之后，创作者将正式开启自媒体运营之路。而运营资讯类自媒体的第一道难关就是度过"新手期"，只有度过了"新手期"，才会有广告收益。

若想快速度过"新手期"，至少要做到以下几点：

● 保证作品是原创的。原创是资讯类自媒体平台对自媒体创作者最基本的要求之一，所以，作品的原创度越高越好。

● 保证创作的活跃度。在刚刚运营一个平台时，最好每天上传一定数量的图文作品（如企鹅号、大鱼号允许新手每天发三篇图文），以保证账号的活跃度，从而更快地"转正"。

- 保证足够的文字字数，适当配图。平台检验创作者创作能力的一个重要参照标准就是字数是否够多，如果字数太少，会被认为缺乏写作能力。另外，每篇文章除了要有一定数量的字数外，还要适当配图，这样才能让文章看起来更丰富、更有吸引力。

2.3 开通原创权益

2.3.1 开通原创权益的益处

自媒体创作者在资讯类自媒体平台度过"新手期"后，就可以准备开通原创权益了。开通原创权益将会给创作者带来很多好处。

第一，创作者每天可以发布更多的作品。通常，在没开通原创权益之前，各个资讯类平台对创作者每天发布的作品数量是有限制的。而在开通了原创权益后，自媒体创作者每天发布的作品数量将得到一定程度的放宽。

第二，获得更高的收益。在平台作品单价不变的情况下，如果创作者每天发布更多的作品，那么输出量自然就增加了，收益也会随之提高。

第三，创作者开通了原创权益后，其作品会被保护，不容易被抄袭。并且，一旦发现有人抄袭了你的文章，你可以立即申诉，以确保你的作品版权不受侵犯。

总之，开通原创权益的好处十分诱人。心动不如行动，努力把握住每一个提升自己的机会吧！

2.3.2　开通原创权益的技巧

无论你选择入驻哪个自媒体平台，开通原创权益都是必经之路。下面就教你一些开通图文原创权益的技巧。需要说明的是，因为自媒体平台是处于不断发展过程中的，平台的很多功能、权限也不是一成不变的，创作者在实操时可具体参考平台说明。

★ 头条号如何开通原创权益

在头条号上开通文章原创功能至少要满足以下几个条件：

> 创作者自主创作的内容

> 在著作权人本人授权下，对原作品进行解说、改编的内容

> 经过著作权人本人独家授权、在今日头条独家发布的内容

头条号开通文章原创功能的条件

在头条号开通文章原创功能可以遵照以下几个步骤：

登录头条号官网（电脑端），进入平台后台，点击左侧菜单栏的"创作"；点击"文章"。

进入发文设置区；编辑好文章后，在页面底端勾选"声明原创"。

头条号开通文章原创功能发文时应勾选"声明原创"

弹出"原创协议"；勾选"我已阅读并同意《头条号声明原创服务协议》"；点击确定，完成声明原创。

头条号"声明原创须知"页面

创作者在头条号上为自己发布的文章声明原创可以获得更多的推荐与分成，也有利于站内维权。

★ 百家号如何开通原创权益

百家号开通图文原创认证需要满足以下条件：

已顺利度过"新手期"，已通过作者认证和真实性认证

近30天内成功发布的原创文章数量不低于5篇

粉丝数不低于100，信用分不低于80分

百家号开通图文原创认证的条件

开通百家号图文原创权益的具体步骤如下：

登录百家号后台，点击左侧功能栏下方的"账号权益"；点击"我的权益"。

在页面右侧找到"百粉权益"一栏；找到"图文原创认证"；确认满足条件，点击"快速通道申请"；等待平台审核。

百家号"百粉权益"页面

审核通过、成功开通原创权益后，发布作品时便可添加原创标记。需要注意的是，如果审核未通过，等待15天后可再次申请。

★ 企鹅号如何开通原创权益

在企鹅号开通原创权益也不是一件容易的事情。那么，企鹅号在什么情况下才有资格开通原创权益呢？

入驻企鹅号已满30天，已实名认证

近30天发图文不少于10篇，内容优质，原创比例不低于70%

近30天未出现图文原创标签审核的记录

账号状态正常，无违规记录

企鹅号开通原创权益的条件

和其他平台一样，如果你想开通企鹅号的图文原创权益，可以参照如下几个步骤：

登录企鹅号后台，点击左侧功能栏的"我的主页"；点击"权益管理"。

找到页面右侧的"账号权益"；找到"图文原创"；在满足条件的情况下，申请开通"图文原创"；等待平台审核。

权益名称	状态	说明
图文原创	未开通	发布文章/组图时可声明原创，并享受一键维权、全网监测等功能
视频原创	未开通	发布视频时可声明原创，并享受一键维权、全网监测等功能

企鹅号"账号权益"页面

审核通过、顺利开通原创权益后，即可解锁更多平台功能。

需要注意的是，企鹅号申请原创权益的审核周期为5个工作日。如果提交了开通原创权益的申请，即使没有通过审核也不要放弃，可以在收到通知起的30天后再次提交申请。

★ 大鱼号如何开通原创权益

大鱼号开通图文原创权益的门槛较高，需要满足以下几个条件，才有机会开通原创权益：

- 已顺利度过"新手期"
- 近30天上传不少于10篇的图文作品，内容优质、有传播价值
- 信用分为100分，无侵权处罚记录，且需通过人工审核

大鱼号开通原创权益的条件

当大鱼号账户被平台认为可以申请开通原创权益时，就会收到平台邀请。接下来要做的是点击"申请开通"按钮，认真填写申请材料，然后等待消息。大鱼号开通原创权益的具体步骤如下：

登录大鱼号后台，点击左侧功能栏的"成长"；点击"权益中心"。

点击页面右侧的"通用权益"；找到"图文原创声明"；满足条件、获得平台邀请后，即可申请开通图文原创；等待平台审核。

审核通过、顺利开通原创权益后，即可获得更多平台服务。

需要注意的是，大鱼号要开通原创权益需要被平台邀请，如果没被邀请，则不可以申请原创。另外，如果申请了原创，但没有通过，你可以向平台反馈意见，并且查看功能说明，里面有关于大鱼号要如何开通原创权益的问题及解答。

大鱼号"通用权益"页面

> **运│营│智│慧**
>
> ### 为什么始终没有被平台邀请开通原创权益
>
> 　　原创权益的开通是需要创作者主动出击的，但有些创作者虽然做了不少准备，也积极申请了开通原创功能，却始终没有得到平台的邀请。创作者之所以没能成功开通原创权益，可能与下面几个原因有关。

```
┌─────────────────────────────────────┐
│   账号的活跃度不够                    │
│       账号的原创度不够                │
│           账号的垂直度不够            │
└─────────────────────────────────────┘
```

开通原创权益失败的原因

- 账号的活跃度不够。如果创作者发布作品的频率低，经常断更，那么就会被平台认为创作活跃度低。创作活跃度低，说明创作者的作品质量是不过关的，这样也就难以被邀请开通原创权益。

- 账号的原创度不够。当创作者将作品发布到平台上，平台系统会对所发布的内容进行识别，如果发现内容与其他作品类似，就会认定其为非原创。原创度低，意味着作品不够优质，这样就很难被邀请开通原创权益。

- 账号的垂直度不够。这与创作者在最初注册账户时所选择的领域有关，如果起初选择的是娱乐，后面却频繁地发布美食或育儿方面的内容，那么平台就会认为创作者根本不了解自己的领域，不能算得上是一个优质的创作者，自然就不会对其作品进行推荐，也就不会邀请创作者开通原创权益。

2.4 评论互动

2.4.1 评论互动的重要性

评论互动就是在评论区针对所发布的内容进行留言互动，如点赞、留言。

作为一名刚入驻资讯类自媒体平台的创作者而言，除了要坚持每天创作，还必须注意查看用户的评论，要经常与用户进行互动。

评论互动与作品创作是同等重要的。从某种程度上说，评论互动也是作品创作的一部分。总之，勤评论、多互动会给你的平台运营带来诸多好处。

- 增加流量
- 提高用户活跃度
- 收获粉丝，提高曝光率
- 激发创作灵感

评论互动的好处

经常评论粉丝的留言，与粉丝互动，可以让你的文章或视频的标题、封面及内容有更多展现的机会，从而获得更多流量。

在互动的过程中，可以让更多不了解你的人了解你，让更多认同你观点的人喜欢你。你的粉丝也会将你及作品推荐给身边的亲人、朋友，有机会让你收获更多的粉丝，利于提高作品的曝光率。

通过与粉丝的互动，你也能更了解粉丝，进而创作出更多吸引粉丝的作品。

长时间让自己沉浸在创作中很容易感到疲惫，甚至会觉得江郎才尽。但在与粉丝的互动中可能会激发一些创作灵感，有助于让你源源不断地输出作品。

2.4.2 评论互动的技巧

★ 善于引发评论

在自媒体平台，用户的言论是相对自由的。如果不把主动权掌握在自己手中，则可能被评论区的恶意言论所困扰，从而让你的自媒体运营陷入僵局。

相反，如果你善于引导评论，事先通过提出一些值得探讨的问题引发用户的讨论，则更容易把控与经营好你的账户。比如，在头条号发布文章后，创作者可以在评论区主动提出一些问题，激发读者的兴趣，让其顺着你的思路参与到讨论中。

★ 巧妙回复评论

写完的评论点击"发送"后的几秒钟可能就会被粉丝看到，所以为了保持良好形象，评论内容一定是积极的、不带有任何偏见且有说服力的，否则很容易因为一时疏忽瞬间丢了一大批粉丝。

不管你运营的是哪个平台，你都不得不面对用户的各种评论，有好的声音，也有不好的声音。当表扬较多时，不要骄傲自大，而要谦虚地、诚恳地表示感谢；当批评不断时，也要保持风度，不要针锋相对，而要有针对性地、礼貌地做出回复。

总之，你的回复一定要经过认真思考，要让用户感受到你的真诚，这样才能展示出你的魅力，也才能吸引更多的粉丝。

经典案例

无视恶意评论，让"黑粉"无计可施

徐先生最近开通了自己的头条号，每天坚持更新一些有关房产方面的作品，并且吸引了不少粉丝的关注。

每次发布完作品，徐先生都会认真看大家的评论，这些评论中有赞扬也有批评。对于一些喜爱自己的粉丝，徐先生会真诚地表示感谢；对于批评自己的且确实有道理的评论，徐先生也会积极回复，希望得到监督，自己会努力改进。除了这些评论，还会有个别网友发布的一些恶意言论，如"不懂装懂""骗子""地产商的枪手"等。徐先生很清楚自己是一个什么样的人，所以，每当有些"黑粉"试图用不正当手段抹黑自己时，他都没有上当，而是用无视、沉默来反击。

一年过去了，徐先生的头条号运营得井井有条，不仅没有受到"黑粉"的影响，而且收获了一大批新的粉丝。徐先生还会定期组织粉丝参与一些线下活动，增进彼此的了解，加深彼此的友谊。最重要的是，徐先生如愿地借助自媒体平台为自己开辟出了一条新的谋生之路。

可见，在遇到恶意评论时，无声地反击也能收到良好的效果。

2.5 专栏运营

2.5.1 提升作品的推荐量

不管在哪个平台进行创作，运营哪种类型的专栏，都要注重作品推荐量的提升。要想提升专栏作品的推荐量，至少要做到以下三点：

- 标题吸引人
- 关键词精准
- 配图与排版到位

提升作品推荐量的技巧

作品的标题拟得好，就意味着作品已经成功了一大半。标题好，才能吸引眼球，才能激发读者读下去的欲望。所以，拟标题要体现文章的中心思想或呈现某个观点，要具有吸引力。

作品的推荐量决定着阅读量。就头条号来说，其文章的关键词是影响推荐量的一个重要因素。因此，创作者在设置文章关键词时要下些功夫，使关键词尽量精准，这样才有机会让更多的读者读到文章。

专栏的配图与排版也是影响读者是否愿意读完文章的一个因素。所以，写好的文章不能随意放在相应的专栏就结束了，还必须认真地配图、排版，让其看起来更有吸引力。需要注意的是，文章除了要整体看上去美观，还要保证没有错误，如没有语病、错别字等，否则会让专栏看起来十分粗糙，质量不过关，很难给读者留下好印象。

2.5.2 努力开通付费专栏

专栏有免费专栏和付费专栏之分。如果有机会为自己的平台账户开通付费专栏，将会有更大的动力投入自媒体运营中。这里以开通头条付费专栏为例，介绍一下资讯类自媒体专栏的开通方法。

申请头条付费专栏需要满足一定的条件，即账户已开通图文或视频原创，无违规记录。如果满足这两个条件，就可以申请付费专栏了。具体的操作步骤如下：

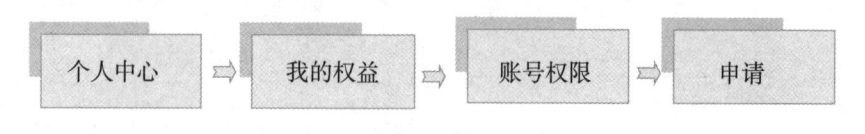

个人中心 ⇨ 我的权益 ⇨ 账号权限 ⇨ 申请

开通付费专栏的步骤

在申请开通付费专栏时，平台会要求创作者提供一些可以证明你有资格开通此功能的资料，如资格证书、相关作品的截图等。相关的资料提供得越充分，成功开通付费专栏的概率就越大。

上传完所有资料后，耐心等待平台的审核结果即可，审核通过后，即可开通付费专栏。

2.6 广告变现

2.6.1 资讯类自媒体广告变现的方式

广告变现属于流量变现的一种，对于自媒体运营者来说，广告变现指的是通过在自己运营的账号中发布营销广告而获取一定的收益。要想在资讯类自媒体平台实现广告变现，首先要提高用户的阅读量。

具体而言，自媒体平台广告变现主要有两种途径：一种是商家与平台合作，将广告交给平台，创作者可以依靠平台流量获取广告分成；另一种是商家与创作者直接合作，帮助宣传品牌或产品，从而获得收益。

下面以头条号为例，介绍头条号创作者实现广告变现的方式。

在新手期，正常号创作者及新手号创作者满足要求后（正常号：入驻平台时间≥10天，已推荐文章篇数≥10篇，账号分值达到100

分；新手期：入驻平台时间≥30天，已推荐文章篇数≥15篇，账号分值达到100分），便可申请开通自营广告，包括文章详情页广告、推荐广告、软文等，以获取相应的收益。

文章详情页广告、推荐广告、软文等不同的广告形式有着以下不同的特色：

> 文章详情页广告：由自媒体创作者与客户自主协商，洽谈广告费用、合作方式，平台进行审核。

> 推荐广告：主要包括图文推荐和文字推荐，根据广告出现的位置来决定广告费用。

> 软文推荐：将营销广告与文章正文巧妙地融为一体，尽量减少广告痕迹，提高大众接受度。

头条号不同自营广告的特色

头条号创作者转正后即可获得平台广告，即创作者发布的文章下端会自动匹配平台投放的广告，根据广告的展示量获取不同比例的收益。文章的点击率、阅读量越高，收益就越可观。

2.6.2 提高广告变现收益的技巧

自媒体新人想要实现广告变现并提高收益实属不易，必须掌握一定的技巧。

第一，杜绝标题党，输出有质量的内容。头条号、百家号、企鹅号、大鱼号等自媒体平台广告收益的多少与文章阅读量有着直接的关系，而很多营销广告的原文链接、商品链接其实是展示在文章中间或底部的，如果创作者在编辑作品时只想着用过分夸张的标题去吸引受众点开标题，却没有富含营养的内容去吸引他们继续阅读，那么广告展示的效果自然会差强人意，收益也会因此大大降低。可见，做标题党并不可取，最重要的还是要创作出更有质量的内容，才能吸引用户长久的注意力。

第二，持续输出，坚持原创。头条号、企鹅号、大鱼号等平台官方为了鼓励创作者持续输出优质的原创内容，曾相继推出各项补贴措施，扶持力度极大，如头条号曾推出"青云计划"，大鱼号曾则推出"U创计划"等。平台鼓励原创，是因为原创的优质内容才是自媒体创作者积累流量、获得受众和商家信任的不二法宝，这些也是提高广告收益的前提。

第三，关注热点。自媒体创作者要时刻关注实时热点新闻，并有意识地将其融入自己的创作中。这样，当用户搜索热点事件关键词的时候，就很有可能点击到你的文章，从而大大提高了文章的曝光率。另外，新颖的、与热点新闻挂钩的内容更容易吸引受众的目光，令文章的阅读量大幅增加。

第3章
社群类自媒体运营与变现

社群类自媒体就是一种为联络人与人之间的关系与情感而服务的自媒体。常见的社群类自媒体平台有微信、微博、QQ等。为了实现社群类自媒体的运营与变现，自媒体新人有必要深入了解各个社群类平台，学习创作的技巧，以及变现的相关知识。

3.1 常见平台：微信、微博、QQ等

3.1.1 微信

微信绝对是目前人们最熟悉的社群类自媒体平台之一。你会发现，身边只要有智能手机的人几乎都会在手机中安装微信应用程序，并且每天都会频繁地使用它。人们之所以喜欢使用微信，应该与其特点有直接关系。

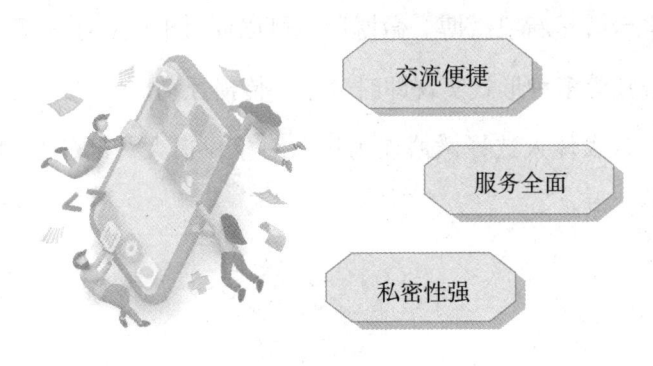

交流便捷

服务全面

私密性强

微信的特点

微信可以让你随时随地与人交流，协助你完成许多事情，省时省力。人们的生活中似乎已经离不开微信，因此，越来越多的自媒体人选择微信作为重点运营的平台。

微信的功能非常多，除了聊天功能、添加好友功能外，自媒体创作者还可以在微信上建立社群、创建微信公众号等。可以说，只要创作者选择了这个平台，就有许多收获粉丝、增加流量的机会。

微信平台的变现方式也非常多，如社群变现、朋友圈卖货变现、广告收益（平台广告分成、原生广告收益）等。

对于迫切想要通过微信平台获得收益的自媒体人来说，如果你有能力增加流量并保持高流量，那么借助微信平台变现是个不错的选择。

3.1.2 微博

新浪微博是新浪旗下于2009年上线的一款基于用户关系的社交媒体平台，也是国内最早出现的微博。当前，我国较知名的微博平台有4个：新浪微博、腾讯微博、网易微博、搜狐微博，其中最著名的社交媒体平台就是新浪微博。微博用户可以通过电脑、手机等，以文字、图片、视频等多种形式实现即时分享、传播互动。

许多自媒体人选择微博作为运营对象，很大一部分原因是其具有以下几个特点：

- 更加开放
- 交互性强
- 极具即时性
- 使用简单

微博的特点

微博的默认推送方式是公开的，有着极强的即时性。如果发布者没有设置发送方式，那么发布的内容是整个微博平台可见的，甚至还会引来一番关注与讨论。许多自媒体人正是利用了微博的这一特点，收获了不少粉丝的关注。

微博的交互性非常强。有了微博，你可以借助平台与熟人互动，与陌生人擦出"火花"。进入微博，似乎觉得那些名声显赫的人物就站在面前。正是那些名人经常在微博上发布动态，与粉丝互动，使得微博慢慢走进大众的视野。因此，自媒体人选择微博作为运营平台是非常明智的。

微博使用起来非常简单。在微博中，你可以发布文字信息，还可以配图，或者加入视频链接，十分方便。

因此，只要你愿意，你就可以借助微博平台表达和传播自己的观点，开启自己的自媒体运营之路，让更多的人了解你、关注你。

3.1.3 QQ

QQ是腾讯公司于1999年推出的一款即时通信软件。回想一下，十几年前，人们使用最多的聊天工具应该就是QQ了。

QQ不仅可以在电脑上使用，还可以在手机上使用。你只需在电脑桌面或手机上下载一个QQ应用程序，填写信息注册一个账号就可以使用它。

QQ的出现，给人们的生活、工作、学习带来了许多便利。随着QQ的广泛普及，越来越多的自媒体人发现了QQ的运营价值。

QQ 的特点

QQ 具有很强的针对性。自媒体创作者利用 QQ 可以创建一对一交流圈，精准推广。

使用 QQ 的成本很低。自媒体创作者可以随时用 QQ 与人沟通，没有额外的收费；如果创作者想做推广，只需一台电脑或手机就能免费申请到 QQ。即便要成为会员，每个月的花费也不多。

QQ 可以持续地做推广工作。自媒体创作者可以长期、持续地与用户保持联系，建立一种友好关系，之后慢慢向其推销一些产品。

而且，QQ 的功能很齐全。在使用 QQ 的过程中，自媒体创作者可以任意使用在线聊天、语音聊天、视频聊天、在线或离线传送文件、储存文件、文件共享等功能。由此可见，利用 QQ 平台做自媒体无疑是一个不错的选择。

3.2 账号注册

3.2.1 微信账号注册

注册微信账号有三种途径：手机号注册、QQ号注册、邮箱账号注册。以手机号注册为例，大致应遵循以下步骤：

下载微信应用程序，进入微信注册页面，点击"注册"。

填写相关信息，点击"同意并继续"。

来到"微信隐私保护指引"界面，点击"下一步"。

按提示进行"安全验证""图片验证"等操作。

注册成功，登录微信，进入微信主界面。

要想运营好微信平台，创作者除了要有微信账号，还要有微信公众号，毕竟许多图文作品都要通过公众号发布。

在电脑端注册微信公众号的步骤大致如下：

首先，在浏览器中找到并进入"微信公众平台官网"，点击"立即注册"。

微信公众平台官网注册页面

选择注册的账号类型，个人及媒体可选择"订阅号"。

填写邮箱、密码等信息；勾选"我同意并遵守《微信公众平台服务协议》"，点击注册。

进一步选择"订阅号"，点击"选择并继续"；点击"确定"。

选择主体类型，点击"个人"，进行信息登记。

依次进行主体信息登记、管理员信息登记及创作者信息（此项为选填）；点击"继续"。

填写公众号信息，点击"完成"。

注册微信公众平台订阅号主体信息填写页面

信息提交成功后，便可进入微信公众号后台首页。

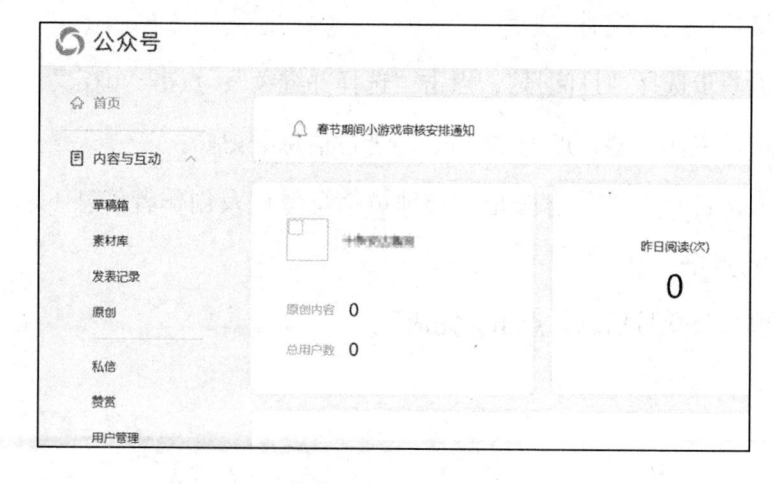

微信公众号后台首页

需要注意的是，选择账号类型时要慎重，选择"订阅号"即可，账号一旦成功建立就不能更改。信息必须真实，因为一些验证是需要邮箱获取验证码或微信扫一扫配合才能完成的。当你的账户审核通过后，会收到来自平台的消息。

有了微信公众号，创作者就可以正式进入平台运营阶段了。在微信公众号上发布图文消息的流程并不复杂，简单介绍如下：

登录微信公众号，进入后台首页。

找到"新的创作"一栏，点击"图文消息"。

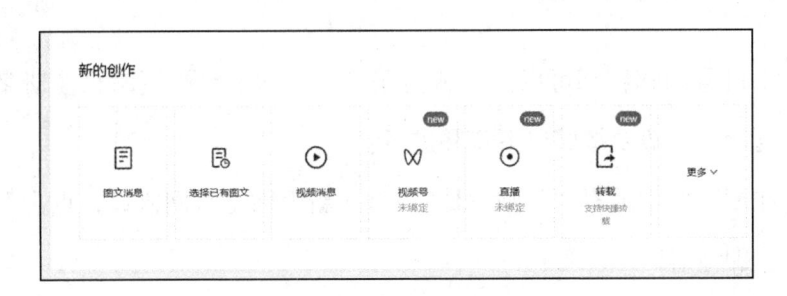

微信公众号后台"新的创作"页面

进入图文编辑页面；输入标题、正文；选择封面；填写摘要。

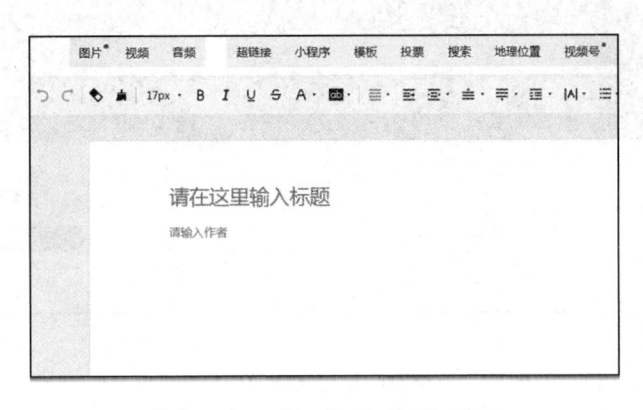

微信公众号后台"图文编辑"页面

编辑完成可以先预览一下内容，确认无误后就可以保存并群发。

在编辑内容时，创作者需要先按提示的位置输入标题，然后撰写正文。若要在文中添加图片，可以从图库里选择。另外，在电脑端确认好群发之后，还需在手机上进行确认。

因为微信平台是一个典型的以内容为本的平台，所以选择微信和公众号作为运营对象的运营者一定要把握创作关。

3.2.2 微博账号注册

手机号和邮箱都可以注册微博账号。以在电脑端用邮箱注册微博账号为例，一般要按照以下步骤进行：

在浏览器中搜索"新浪微博"，进入新浪微博官网入口；点击右方的"立即注册"。

电脑端新浪微博首页

选择"个人注册",输入手机号、密码及激活码等;点击"立即注册"。

新浪微博注册页面

注册成功后,进入微博个人主页,这时就可以发表动态了。

除了文字信息外,微博中还可以发布表情、图片、视频等,只需选择输入框下相应的功能即可。

在微博中上传图文时,还要注意格式、尺寸等,否则可能会导致上传失败。微博支持的图片格式有 GIF、JPG 和 PNG。其中,GIF 动画每帧图片的尺寸都不要超过 450*450 像素。

3.2.3　QQ 账号注册

以在电脑端注册 QQ 账号为例,具体操作步骤如下:

输入网址 http://zc.qq.com，进入 QQ 注册页面。

QQ 账号注册页面

填写昵称、密码、手机号；勾选"我已阅读并同意服务协议和 QQ 隐私保护指引"；点击"立即注册"。

注册成功后，点击"立即登录"。

QQ 账号注册成功页面

登录手机QQ，进行扫码验证，通过后即可在电脑端成功登录QQ。

编辑"个性签名"，开启崭新的QQ之旅吧。

QQ 账号登录后页面

3.3 撰写优质图文

要想在社群类自媒体平台中获得更好的推广效果，创作者必须确保将产品介绍得非常清楚。在微信、微博、QQ等社群类平台上，自媒体创作者分别可以借助微信公众号、长微博、QQ日志来撰写图文信息。

3.3.1 触动人心的文字

简单的文字经过仔细斟酌与编排，就能变得柔美而充满温度、畅快而充满力量。要想更好地运营社群类自媒体，就要学会撰写可以触动人心的文字。

★ 拟出一个好标题

一个好标题等于在内容创作上已经成功了一半。衡量一个标题好不好的标准就是它能否吸引读者点击或转发。要想让标题引起读者的注意，创作者应该满足以下三个条件：

好标题的标准

真实：标题要表达出文章的核心或重要内容。

简洁：能用几个字表达清楚的，就不用几十个字表达。例如，"×××的方法"。

精彩：精彩的标题很容易引起读者的注意，从而提高点击量或转发量。

具体来说，要想拟出一个好标题，可以采用以下几个办法：

第一，标题中带有数字。包含数字的标题可以提高标题的辨识度，让文章更容易受到关注，并且显得非常精准、专业。例如，"一个月减重10斤的秘籍""快速入眠的十个办法"等。这种带有数字的标题既抓住了读者眼球，又增强了标题效果，读者会不自觉地点击阅读。

第二，标题有悬念。例如，"我承认我错了，真的错了""抱歉，我来晚了"等。这种标题会让大部分读者感到好奇，就会迫不及待地想要了解文章的内容，利于增加阅读量。

★ 写出一篇颇有特点的文章

有特点的文章更容易吸引读者、耐人寻味、触动人心，也更有机会将普通读者转变成你的粉丝。要想写出有特点的文字，创作者要开动脑筋，发挥想象力，让读者读后感觉很奇特、有趣，从而对你产生极大的兴趣，希望能够继续阅读你的文章。

另外，要写出有特点的文字，还必须让文字具有感染力和说服力。有感染力的文字更能带动读者的情绪，进而产生共鸣；有说服力的文字都是极具逻辑性的，会让读者发自内心地接受与信服。

★ 文章的开头有看头

文章开头写得好不好，决定了读者是否会继续读下去。因此，创作者要想办法写出有看头的开头。

第一，像拉家常一样的开头。例如，可以在文章开头讲一些最近自己身边发生的事情，贴近生活，让读者感到非常亲切。

第二，在开头就提出观点。开门见山地提出自己的观点，点明主题，会给读者带来一定的冲击性。

第三，用修饰性的语言开头。经过修饰的语言会特别生动、形象，易于理解。比如，可以在文章开头运用比喻、拟人、对偶等修辞手法，让文章大放光彩，从而吸引更多的读者。

总之，自媒体创作者在文章开头多花点心思，容易给读者留下深刻印象，勾起读者的阅读兴趣。

> 运│营│智│慧
>
> **千万不要写的几种标题**
>
> 有时，创作者很容易被标题困住，不知道怎么写，导致随意拟出的标题不被关注，花心思写的文章阅读量低。那么，什么样的标题是不建议写的呢？
>
> - 无关键词。如果标题中没有关键词，会让系统不知道推荐给谁看。如果系统不推荐，文章就很难有较高的阅读量。
> - 有生僻字。如果标题中有生僻字，平台很可能不会主动推荐给读者；而当读者看到一些生僻字时，也会因为不懂其意思而放弃仔细阅读。
> - 学术性太强。自媒体文章中如果出现学术性太强的内容会让部分读者无法理解，尤其标题如果过于学术化，会让人望而却步。

3.3.2 让人感到愉悦的图片

随着社会节奏的加快，人们特别注重对时间的管理，这一点同样体现在阅读一些文字的时候。如果你的文章篇幅特别长，那么读者很可能没有读下去的欲望。但是，如果你在较长的文字中配上一些好看的图片，则很有可能吸引住这些原本不想"耽误时间"的读者。

★ 文章配图的作用

作为自媒体平台的运营者，千万不要嫌麻烦，特别是在创作过程中，除了要用触动人心的文字来引导与说服读者外，还要学会随文配上一些合适的图片，使它们既能给读者带来愉悦的视觉观感，又能美化整篇文章。

给文章配图具有以下几个作用：

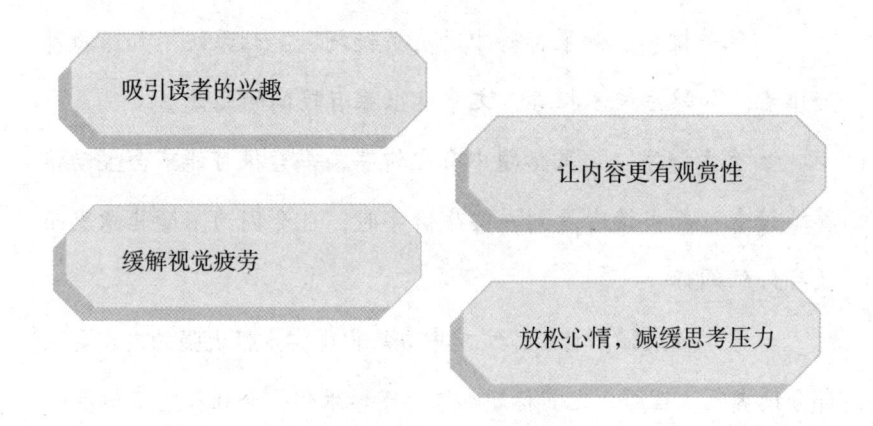

- 吸引读者的兴趣
- 让内容更有观赏性
- 缓解视觉疲劳
- 放松心情，减缓思考压力

文字配上图片的作用

总体而言，给文章配上合适的图片绝对会给读者带来不一样的阅读体验。

★ 选择怎样的图片

给文字配图不可随意，而要让整个图文界面看起来具有视觉冲击力。那么，如何才能让图文具有冲击力呢？这里介绍一下该如何选择图片。

具有冲击力的图片类型

要让整个图文界面具有冲击力，需要创作者很好地处理与剪裁图片，能妥善处理图片与文字的关系。另外，图片的周围应该保持简洁，以免给读者带来视觉上的干扰。

需要注意的是，选择的图片不可过于夸张和低俗，以免让读者反感；图片不要选择带有 Logo 的，否则会出现版权问题。

选择的图片应尽可能唯美清晰，同时要与文字内容贴合，从而使整篇文章看上去很养眼、流畅。

3.4 熟悉图文排版

一篇文章除了要有优质的文字内容和合适的图片外，还必须有令读者感到舒适的排版。排版是否成功，直接影响着自媒体创作者的作品在各个社群类平台中的推广效果。

3.4.1 分段要整齐

在对社群类自媒体中的图文进行排版时，创作者首先要保证文字工整。

工整的文字会让整篇文章看起来十分美观。因为大多数文章都是由多个段落组成的，所以，为了给读者带来较好的视觉感受，就一定要注意各个段落保持整齐划一、层次分明。

当然，在对文章进行分段排版时，除了要注意是否整齐外，还应该考虑其划分后是否还能准确地体现作者的思想与情感，不能生硬地切分。

3.4.2 标题设置要妥当

标题的排版非常关键，其决定着读者是否会产生阅读文章的兴趣。如果读者觉得标题看起来很舒服，就会有更大的欲望阅读下面的内容。

创作者在对标题进行排版时，要注意以下几点：

第一，标题的题文与题序是一个整体，二者必须放在同一行，字间距可以为一个字或一个半字。

第二，如果题文中含有标点符号，则可以设置成对开的形式。

第三，标题的长度要适中。可以将标题的长度控制在版心的 4/5 内。如果标题中的文字较多，可以转行，但上下行要对齐。

第四，标题与正文是一个整体，不可以分开放在两页中。

第五，标题的字体、字号既要与正文有所区分，又要彼此协调。比如，标题的字体要与正文字体统一，但字号应比正文大；标题字号的设置要考虑文章版面的大小；具有多个级别的标题，还要注意各个级别的层次性。

在排版过程中，标题中的字可以放多少行，各个字的间距应设置为多少，这些都没有明确要求，可以视情况而定。

3.4.3　篇幅要精练、简洁

文章的篇幅要精练、简洁，确保读者能在较短的时间内读完，否则很容易出现视觉疲劳，从而失去耐心，放弃阅读。

创作者在排版时，要确保版面清爽，方便读者阅读且不会使人产生疲劳的感觉，否则读者很可能读到一半就不想读了。

3.4.4　图片位置要合适

图片要放在合适的位置，如果随意放置，将影响文章的整体效果。例如，文章的某个观点或某句话还没讲完就随意插入一张图片，这样会让读者感到很突兀，上下文衔接混乱，从而产生不好的阅读体验。

若要在一段文案中放置单张图片，首先要确保图片是完整的，且像素高、画质好。其次，图片要和文字内容相呼应，可以放在与图片内容相关的文字的左侧、右侧、上方或下方。

如果想将大幅的、样式简单的图片与少量文字搭配起来，可以直接将文字置于图片的空白处；如果图片颜色与文案的颜色相近（文案字数较少），最好调节文案的色彩，以增加画面的层次感，丰富视觉效果。

3.5 粉丝互动

微信、微博、QQ等社群类平台的兴起，使得粉丝在网上冲浪的方式越来越丰富多彩。因此，自媒体创作者要抓住这个契机，学会借助粉丝的力量传播信息。而要想牢牢"拴住"粉丝，就必须重视与粉丝的互动。积极与粉丝互动很可能会成为自媒体长久运营的坚实"靠山"。

许多自媒体人就是因为不会与粉丝互动而失去了许多营销的契机。当然，与粉丝互动也是有一定技巧的。

3.5.1 及时回复粉丝消息

在微信、微博、QQ等社群类自媒体中，想要与粉丝友好互动，就要在粉丝留言或评论后做到及时回复。

如果粉丝经常在你的作品下留言或评论，而你却总是视而不见，粉丝会觉得自己不被重视，进而不想继续关注你。久而久之，你的人气会变得越来越差，活跃度急剧下降，之后就会被粉丝淡忘。因此，一定要及时回复粉丝的消息，重视与粉丝的互动。

3.5.2 组织活动与粉丝互动

与粉丝互动除了评论、回复、对话等，还可以组织活动，如组织抽奖活动。

有趣的活动可以吸引越来越多的粉丝，同时可以留住粉丝。例如，定期组织大家去爬山，做大家的向导，并提供一些贴心、实用的小礼品，如水壶、帽子等。在这一过程中，创作者既可能吸引更多的人成为新的粉丝，又能加深与老粉丝之间的感情。

3.5.3 幽默互动

与粉丝的幽默互动不仅可以拉近创作者与粉丝之间的距离，还可以活跃气氛，让粉丝之间的关系更密切，粉丝团体的成立有利于吸引更多的粉丝。比如，自媒体创作者可以时不时地在微博上分享自己在生活中遇到的尴尬事情，并欢迎粉丝尽情"吐槽"自己，在欢乐的氛围中，创作者与粉丝之间的默契就会与日俱增。

经典案例

粉丝会让你勇敢起来

　　有一个阶段，徐先生因为就业问题感到很迷茫，于是在微博中写道："自己很失败，30多岁还是一事无成。"这句话一经发出，他得到了许多网友的安慰，如"别急，慢慢来。""加油！你可以的。"徐先生看到大家的评论非常感动，想不到一句牢骚竟换来了如此多的暖心评论。没过多久，徐先生意外发现，自己之前写的一些文章竟然引起了大家的关注，不仅被大量阅读，很多人还留下了真诚的评论。最让徐先生感到欣喜的是，大家都觉得徐先生的文笔很好，鼓励徐先生多发表一些文章。就这样，徐先生也慢慢意识到自己似乎很擅长写作。于是，徐先生每天会利用自己的业余时间写作，不仅靠写作提升了自信，而且收获了一大批粉丝。徐先生十分注重与粉丝之间的互动，在他的努力下，越来越多的人关注了他的账号。一年之后，徐先生通过运营微博，与一家很知名的公司谈成了合作，获得了很大一笔收益。

　　显然，徐先生之所以能变得自信、勇敢，与最初和粉丝的互动是有必然联系的。如果不在意粉丝的留言，不积极与粉丝互动，徐先生也发现不了自己在写作方面的才能，更无法成为一名成功的自媒体创作者。

3.6 图文软广

3.6.1 什么是软广

简单来讲，软广就是软文广告，是一种广告形式。与软广相对应的就是硬广。通常，在报纸、杂志、电视、广播四大媒体中出现的宣传产品的纯广告就是硬广。软广是一种非直接的广告方式，如在微信、微博、QQ等平台中发布的广告痕迹较少、但起到广告或公关作用的有偿稿件。软广会用巧妙的、迂回的、隐蔽的方式进行产品推广，目的是让消费者在不知不觉中产生消费的欲望。软文广告的特点十分显著，那就是具有很强的渗透力和商业性。

具体来说，软广与硬广的区别主要体现在以下几个方面：

> 软广的宣传比较隐晦，硬广的宣传更加直接

> 软广的投入成本较低，传统硬广的费用相对较高

> 相比传统硬广，软广的形式更灵活、影响更持续

软广与硬广的区别

3.6.2 软广的写作技巧

要想在社群类自媒体平台中发布软广，创作者首先要掌握一些写作技巧。具体方法如下：

★ 找准切入点

切入点就是文章的写作方向、角度或主题，只有明确文章的写作方向和主题，才能使文章更有针对性。比如，要写一篇"如何选择让孩子受益终身的兴趣班？"，就可以以"选兴趣班的方法"为切入点。

★ 标题具有吸引力

软文广告的标题要有诱惑性，要能够吸引读者注意，并引导读者继续阅读下面的内容。比如，可以将自己通过坚持使用某款健身器材而成功瘦身的文章标题拟为"是时候跟大家坦白我是如何瘦下来的了"。

但是，不可以为了有诱惑力而拟出与内容不符的标题，这样只会适得其反。

★ 内容实用性强、有创意、通俗易懂

软文内容要想留住读者，获得后续关注，至少要做到以下三点：

实用性强

有创意　　通俗易懂

软文内容三要素

首先，在写软文时，要确保所写内容对读者是有价值的，可以给读者带来一定帮助的，这样才有可能吸引读者继续读下去。

其次，软文的内容要新颖、有创意，这样更容易调动读者的好奇心。

最后，通俗易懂的内容便于读者理解，这样阅读群体也会随之扩大。

3.7 文章打赏

在社群类自媒体平台中，文章打赏就是指读者阅读文章后，出于对文章中的观点的认同或对作者文笔的喜爱，而以金钱的形式表达鼓励和支持。也就是说，如果创作者开通了文章打赏功能，就等于多了一条赚钱的路径。下面介绍一下微信和微博的打赏功能是如何开通的。

3.7.1 如何快速开通微信公众号的赞赏功能

要开通微信公众号的赞赏功能、创建赞赏账户，前提必须保证文章是原创的，否则不具有开通资格。在电脑端开通微信公众号的赞赏功能、创建赞赏账户的具体步骤如下：

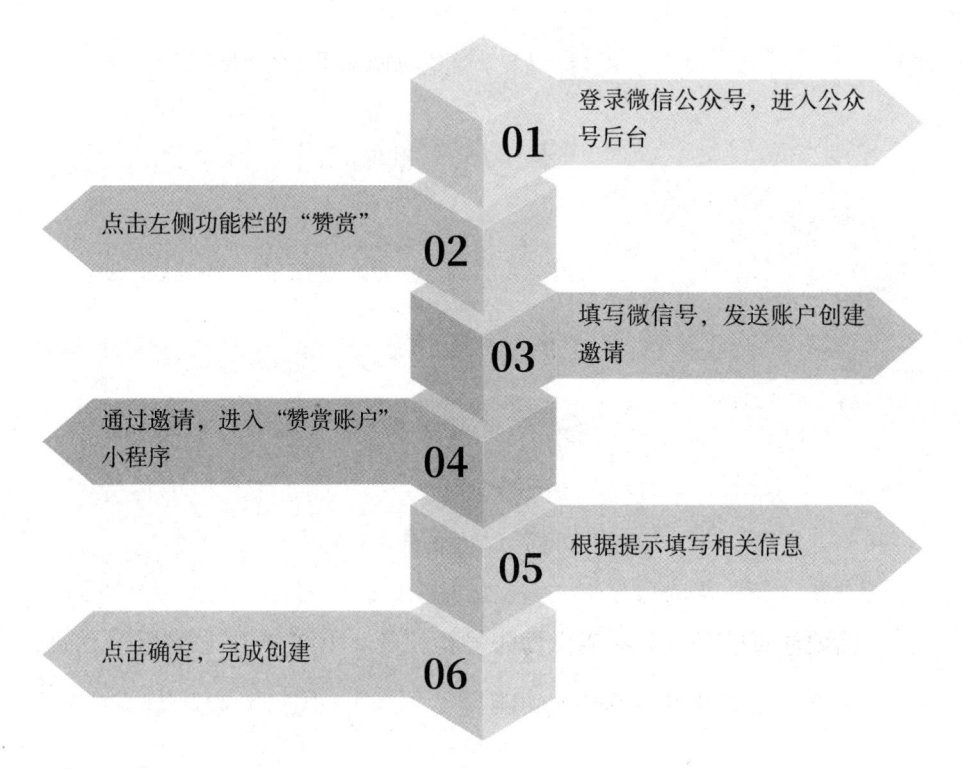

```
01  登录微信公众号，进入公众号后台
02  点击左侧功能栏的"赞赏"
03  填写微信号，发送账户创建邀请
04  通过邀请，进入"赞赏账户"小程序
05  根据提示填写相关信息
06  点击确定，完成创建
```

微信公众号创建赞赏账户的具体步骤

开通了微信公众号的赞赏功能后，创作者上传的文章就可能收到读者的打赏了。想要查询打赏金额及详情，可以登录微信公众号，点击"赞赏功能"，就可以看到被打赏的文章、总额及人数等相关信息。

需要注意的是，同一公众号能够邀请开通的赞赏账户不超过3个。

3.7.2 如何快速开通微博的赞赏功能

开通微博的赞赏功能，可以参照以下步骤（手机端）：

1 登录微博，点击左下角的"我"

2 点击"创作中心"

3 点击"赞赏"

4 点击"赞赏设置"

5 开启微博赞赏功能

开通微博赞赏功能的具体步骤

需要注意的是，只有当微博账号粉丝量≥1000或账号有橙V认证的情况下，才能开启微博赞赏功能。

3.8 广告展现

3.8.1 如何选择广告

当你有了自己的微信群、微信公众号、微博粉丝群、QQ 群后，就可以尝试发布广告。但是，要想长期通过自己的社群类自媒体展现广告，首先要学会选择广告。

★ 值得选的广告

当一大群广告主带着自己的广告邀请你合作时，你可能会不知所措，不知道选择哪些广告才能让你的自媒体平台运营得更好，让你获得更稳定的收益。别怕，这里就教你几招，让你轻松选出最利于你未来发展的广告。

```
┌─────────────────────────┐
│   满足粉丝需求的广告    │
└─────────────────────────┘
      ┌─────────────────────────┐
      │    内容优质的广告       │
      └─────────────────────────┘
            ┌─────────────────────────┐
            │  符合你创作风格的广告   │
            └─────────────────────────┘
```

选择广告的标准

创作者要想运营好自媒体平台，千万不要忽视粉丝的需求。只有获得粉丝的认可，才能在自媒体的道路上走得更高、更远。因此，在选择广告时，创作者要考虑广告是否能被粉丝喜欢，是否能满足粉丝的需求。

做自媒体最重要的是保证内容的优质性。也就是说，不管广告主提出的利润有多诱人，创作者都要考虑广告内容是否符合标准，并且要认真检验广告的质量。

广告要与创作风格保持一致，如果你做的是汽车领域，那么就不要接金融、化妆品等与自己的创作风格大相径庭的广告。要让所接的广告与作品融为一体，这样才更有说服力。

★ 不该选的广告

有些广告一旦选了不但会影响收益，还会有损形象，让粉丝逐渐失去对你的信任与喜爱。注意，下面几种广告千万不要选：

- 内容简单且无特点的广告
- 产品宣传过于直白的广告
- 产品类型与定位相差甚远的广告

不该选的广告

文字苍白无力，版面毫无新意，看起来就是文字与图片的简单堆砌，这样的广告是很难吸引粉丝的。如果将这种广告放在你的作品中，那将会拉低作品的档次，给人一种"饥不择食"的印象。久而久之，不管作品创作得多么用心，都难以吸引读者前来阅读。

产品宣传过于直白的广告会让读者心生反感，觉得文章目的不纯，只是为了宣传广告而写。比如，某图书公司要推广一本新书，要求平台创作者必须反复提及这本书的名字。如果你按照要求做了，将会给粉丝带来很不好的阅读体验。

此外，千万不要接与自己的领域相差太多的广告，否则会让你的作品显得格格不入，也无法给广告主带来很好的宣传效果。

3.8.2 广告展现有方法

在社群类自媒体平台中,展现广告也是需要方法的。

那么,如何在文章中添加广告呢?

首先,创作者需要登录自己的微信公众平台,找到已经排好版的文章;其次,在文章的合适位置点击"广告"。通常,广告应放在文章的中间或末尾。

> 运│营│智│慧
>
> **广告展现要考虑粉丝的感受**
>
> 粉丝是运营自媒体的关键一环,如果创作者不停地在社群中发布各种各样的广告引起粉丝反感,那么粉丝也会对作品失去兴趣。因此,要想在社群中展现广告,创作者必须考虑粉丝的感受,具体要做到以下两点:
>
> ● 事先征得粉丝同意,让粉丝对你有良好的印象。当粉丝同意你在社群中展现广告后再发布广告。先征得粉丝的同意,会让粉丝觉得自己受到尊重,也会让粉丝觉得你是一个可以信赖的人,进而愿意与你互动,愿意支持你。
>
> ● 清楚粉丝的喜好。如果粉丝特别反感某些产品,最好不要经常发这些产品的广告,否则会让粉丝觉得自己不被重视。

第4章
电商类自媒体运营与变现

随着自媒体经济的逐渐兴起，京东、淘宝等国内知名电商平台相继开启自媒体达人计划，推出内容创作平台。而小红书等社区电商平台上也聚集了一大批自媒体达人，源源不断地生产着原创内容。

如何在电商类自媒体平台上实现高效运营与变现，成为现今诸多自媒体创作者关注的焦点之一。

4.1 常见平台：京东、淘宝、小红书等

国内知名的电商类平台有京东、淘宝、小红书等，其中，京东推出了京东内容开放平台，淘宝则推出了阿里创作平台，这些电商类平台有着各自突出的特点及优势，吸引着越来越多的自媒体人入驻。

4.1.1 京东

京东的内容发布平台——京东内容开放平台面向全球自媒体达人开放，致力于搭建丰厚的内容池。

与其他自媒体平台相比，京东内容开放平台有其显著的优势。首先，平台拥有百万级流量支撑，但凡优质的内容就一定会获得平台扶持，得到最大程度的曝光率。其次，平台致力于创建高品质、欣欣向荣的内容生态圈，与内容创作者、品牌商家一起实现合作共赢，这就

为内容创作者提供了更丰沃的创作土壤。

平台拥有百万级流量支撑

致力于创建高品质的内容生态圈

京东内容开放平台的优势

入驻京东内容开放平台的自媒体人在经过精心选品后，可发布一系列商品推荐视频、文章，并在视频和文章中附带商品链接，如果其发布的视频和文章获得较高的点击率，就能增加流量变现的机会。一般情况下，用户通过视频或文章链接进入商品页面，且将商品加入购物车进行结算，该条视频或文章的创作者便能直接获得佣金。

4.1.2 淘宝

淘宝自媒体官方平台为阿里创作平台，内容创作者在注册账号、顺利通过验证后便可通过阿里创作平台发布图文、视频、直播等多种形式的内容。只要发布的内容足够优质、独特、吸引人，便能获取不菲的流量和曝光量，从而扩增变现渠道，增加变现机会。

阿里创作平台优势突出，首先，平台有着完善的账号体系，除了有以品牌商为主体的"微淘品牌号"、以商家为主体的"微淘商家号"外，其还为所有个人创作者及创作团队推出了"微淘达人号"，并提供全面、强大的创作服务，激发创作者自由发挥创作潜力。

其次，阿里创作平台后台的内容编辑器功能强大，能加快创作者的编辑与投稿速度，并且设置了创意中心，能及时为创作者推送各领域的实时热点新闻，帮助创作者源源不断地挖掘灵感与创意。

另外，阿里创作平台频道投稿机制高效透明，无论是经验丰富的自媒体创作者，还是刚入驻的自媒体新人，只要生产的内容足够优质，就能得到相应的曝光量，获得平台扶持。

账号体系完善，有品牌号、商家号、达人号

内容编辑器功能强大，并且设置了创意中心

频道投稿机制高效透明

阿里创作平台的优势

阿里创作平台的变现方式和京东内容开放平台类似，可通过发布带有商品链接的好物推荐视频、文章，吸引用户点击、下单，从而赚取一定的佣金。另外，阿里创作平台官方及入驻商家每天都会发布很多有偿任务，自媒体创作者也可通过完成任务赚取佣金。

4.1.3 小红书

小红书成立于2013年，逐步由购物分享社区升级为电商平台，并建立起从用户"种草"至"拔草"的商业闭环。在小红书上，自媒体达人可通过平台发布各种消费体验，只要发布的内容新颖、有亮点、能引起共鸣，就能吸引更多用户留言、点赞与收藏，从而引发其他用户的线下消费潮，最终形成一个正向的循环。

相比其他平台，小红书的优势体现在以下几方面：

首先，小红书的算法机制较公平、友好。虽然抖音、淘宝等平台的用户量比小红书高很多，但小红书的包容性较强，尤其值得创作力较强的自媒体达人深耕，在平台的算法机制下，流量分配较为公平，只要是优质的笔记都会获得平台的流量扶持。

其次，小红书的用户价值较高。作为业内知名的"种草平台"，小红书的很多用户都是都市白领，以中等及以上消费水平的人群居多，用户需求旺盛，购买力较强，流量变现率也会随之增高。

最后，小红书的互动性较强。平台用户可以通过发布图文、视频等形式的笔记或通过在评论区留言等方式与其他用户进行沟通，从而使用户之间的信任和关联度变得越来越强。

- 平台算法机制较公平、友好
- 用户价值较高
- 平台互动性较强

小红书平台的优势

小红书平台的流量变现方式较多，比如，该平台的自媒体创作者可在小红书好物体验站申请相关商品试用，再发布图文或视频形式的试用心得，以收取广告费；知识型创作者还可开设付费专栏，专门售卖职场晋升、亲子教育、金融保险等方面的专业课程，从而获取收益。

4.2 账号注册

电商类自媒体平台账号的注册过程大同小异,即输入注册网站网址→到达注册界面→完善相关信息→填写身份认证信息→注册成功→等待后台验证。

京东内容开放平台、阿里创作平台和小红书平台的账号注册过程和相关注意事项介绍如下:

4.2.1 京东内容开放平台账号注册

拥有京东账户的个人或商家可直接在京东内容开放平台账号注册/登录界面上登录账号,进入内容创作界面。如果没有京东账户,则需要先注册,再登录并进行内容创作。

京东内容开放平台账号大致的注册步骤如下:

输入平台网址 http://dr.jd.com/page/login.html，点击"注册"。

京东内容开放平台登录页面

输入手机号码和验证码；点击下一步。

填写账号信息，如账号名、密码等；进行邮箱验证。

选择开通的账号类型，普通内容创作者可选择个人账号。

填写真实姓名、国籍（地区）、身份证号码、银行卡号、手机号等；填写验证码；通过实名认证。

进行短信验证；同意《京东原创平台入驻协议》；等待审核。

审核成功，进入京东内容开放平台首页。

京东内容开放平台后台首页

113

4.2.2　阿里创作平台账号注册

阿里创作平台的前身是淘宝达人平台，如果已经拥有淘宝达人平台账号，则不需重新申请账号，直接登录原账号即可。阿里创作平台新人账号的大致申请步骤如下：

输入平台网址 We.taobao.com，点击"开通"。

阿里创作平台登录页面

通过密码或短信登录的方式登录淘宝账号，或直接扫码登录。

选择账号类型；若选择微淘号·达人，则点击下方的"选择并继续"。

检测账号，通过支付宝实名校验。

完善账号基础信息，如账号名称、账号简介、联系人姓名等；勾选"我已阅读并同意《阿里·创作平台合作协议》"；点击"开通"。

阿里创作平台账号完善页面

成功开通，进入阿里创作平台首页。

阿里创作平台后台首页

在注册阿里创作平台过程中，需要注意以下两点：

第一，"选择微淘号"时，进行原创内容创作的个人、自媒体、知名媒体等可选择微淘号·达人；商家可选择微淘号·商家；品牌方可选择品牌号。需要注意的是，品牌号仅适用于天猫品牌号。

第二，"检测账号"时，想要通过身份认证，就要将账号绑定支付宝，并通过认证，具体步骤为"绑定支付宝—实名认证—身份认证—18岁以上"，通过以上校验后便可进行下一步操作。

4.2.3 小红书账号注册

小红书的账号创建较为简单，其有多种登录方式，比如微信登录、手机号登录等，此处以微信登录为例，介绍小红书账号的创建步骤：

下载小红书应用程序；点击"微信登录"。

小红书登录页面

获取微信昵称、头像，点击"允许"。

完善性别、年龄等信息；选择感兴趣的内容。

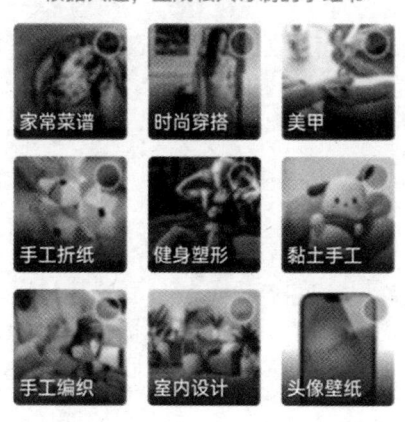

小红书初次登录时需选择感兴趣的内容

允许或禁止小红书访问通讯录、获取设备信息。

账号创建成功，进入小红书首页；点击右下端的"我"。

点击小红书首页右下端的"我"进入个人中心

进入个人中心；完善资料，正式开始你的小红书之旅。

4.3 商品拍摄

想要成为自媒体达人，除了要有阅读力、语言组织能力外，还要用好拍摄工具，掌握一定的商品拍摄技巧。毕竟精美的商品图片能充分展现商品的特点，让用户从看到的第一眼起就被牢牢吸引。

4.3.1 拍摄工具

自媒体创作者运用到的拍摄工具有手机或单反相机（初学者可先运用像素较高的手机积累拍摄经验，磨炼拍摄技巧）、拍摄台（用于放置静物）、背景布（拍照时用于改变背景的颜色）、灯光器材（一般为中小型的LED补光灯）、遮光板（用于遮挡光线）等。

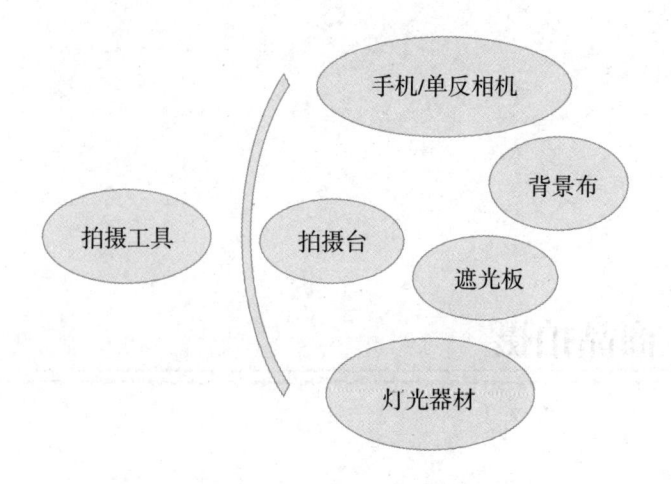

自媒体创作者运用到的拍摄工具

4.3.2 商品拍摄技巧

经验丰富的自媒体达人拍出来的商品照片总让人印象深刻，要么用色高级、质感十足，要么鲜活亮眼、十分有生命力。

自媒体创作者想要拍出高质量的照片，就要从光线、布景、构图等方面入手，用心研究拍摄技巧。

★ 用对光线，巧施布景

在拍摄商品时，光线与布景能起到非常重要的作用。首先，只有用对光线，才能展现商品真实的形态、质地，从而提升商品的质感。

如果是在室外拍摄，创作者可充分利用自然光线来衬托商品的不同特点。比如晴天光线充足，拍摄出来的图片色彩鲜亮、充满活力，阴雨天气自然光线较弱，拍摄出来的作品看起来较为柔和，可在这样的天气拍摄颜色淡雅的民族风服饰。

如果是在室内拍摄，可充分利用各种专业的摄影灯进行布光，打造理想的拍摄效果。

无论是室外拍摄还是室内拍摄，都要考虑光位的问题，比如顺光拍摄受光均匀，影调柔和；侧光拍摄能突出商品的形状和轮廓，使得拍摄画面富有层次感；逆光拍摄能渲染氛围，增强视觉冲击力。

除了灯光外，自媒体创作者还有必要掌握布景的相关知识，争取拍摄出更高质量的商品照片。布景是为了减弱照片内容的单调感，使得整个画面更丰富、具有层次感，具体需要遵循以下几条原则：

第一，布景时，最好选择与被拍摄商品有关联的物品，营造空间的和谐感，否则搭建出来的场景很容易给人带来混乱感。

第二，用好陪体，突出主体。如果说陪体是枝叶，那么主体就是花蕾，用好陪体，便能有效均衡画面、丰富景深、烘托主体。另外，陪体所占面积不能太大，只能占据次要位置，不可喧宾夺主。

第三，布景时要注意色彩搭配，可选择同一色系的色彩营造和谐的视觉观感，也可利用对比色来营造视觉反差，达到令人眼前一亮的效果。比如，在拍摄食品时，可选择与食品颜色较为接近的餐盘、餐布等装饰拍摄环境，形成呼应，从而实现良好的拍摄效果。

注重色彩搭配，营造和谐的视觉观感

运│营│智│慧

不同材质物品的拍摄技巧

对于自媒体创作者而言，想要拍出优质图片，就要借助不同的光位和用光技巧，以拍出不同材质物品的外形特点，具体介绍如下：

● 棉麻类物品表面粗糙，可使用侧光来凸显这一类物品的立体感、层次感。

● 金属物品表面光滑，应避免正面打光，否则可能造成曝光过度的反效果。可以借助反光板反射出来的光线拍摄这一类物品，使得物品的轮廓更柔和，从而呈现出更好的拍摄效果。

● 玻璃器皿表面光滑且透明，采取侧光或逆光拍摄能突出物品的质感，提升视觉体验。

★ 选择合适的拍摄角度

自媒体创作者在拍摄商品照片时，也要注意选取合适的拍摄角度。一般而言，拍摄角度有平角、斜角、仰角、俯角等，应根据商品特质选择最佳拍摄角度，这样能为最后的成片效果增色不少。

平角拍摄，指的是将照相机与被摄商品置于同一水平线进行拍摄，这一角度拍摄出来的照片更有代入感，能客观展现商品的造型特点。一般商品都可以采用平角进行拍摄。

斜角拍摄，指的是从被摄商品的30°或45°角的方向进行拍摄，具体倾斜的角度不一，可根据拍摄现场的情况而定。斜角拍摄能很好地展现商品的细节，比较适合拍摄各类食品。

仰角拍摄，也叫低角度拍摄，能够很好地凸显被摄物体在画面中的主体位置，比较适合拍摄各类服饰。

俯角拍摄，指的是从高处往下拍摄，也是自媒体创作者在拍摄商品时常用的角度之一，可用于展现环境全貌，让画面呈现出一种规律感，比较适合拍摄化妆品、化妆工具、护肤品等。

俯角拍摄，令画面呈现出一种规律感

★ 注意构图

自媒体创作者要想拍摄出生动鲜活、富有视觉冲击力的照片，就一定要提前掌握相关的构图知识，并在不断地实践中明确被摄物体的主次位置、大小关系，直至拍出令自己满意的作品。

常用的构图法有垂直线构图法、S形构图法、三角形构图法、重复构图法、留白构图法等。

垂直线构图法是指在被拍摄的画面中呈现一条或多条垂直线，将照片有规律地分割成几部分，这种构图方法能增强画面的趣味性。自媒体创作者在拍摄食品时可采用这种构图方法。

S形构图法，即曲线构图法，能增加拍摄画面的韵律感和艺术感。一些自媒体人在拍摄散装的食品时，会有意将食品摆成S形曲线，这就赋予了静态的食品一种动态美，令拍摄画面更丰富生动。

三角形构图法是指在画面中取三点连接成面，形成一个不等边三角形（包括斜三角形、正三角形、倒三角形）。三角形构图法可使拍摄画面更加和谐稳定。

　　重复构图法是指用相同或类似的物品占据画面主体的一种构图方法，能给人带来一种较为强烈的视觉冲击力。可用来拍摄水果、蔬菜、鸡蛋等食物，拍摄时最好按一定的顺序将被摄商品摆放整齐。

　　留白构图法是指将被摄商品放置于画面的中心位置，其他地方都做留白处理。运用留白构图法，可令拍摄主体和纯色背景形成鲜明对比，突出前者的外形特色，一般可用来拍摄化妆品、食物等。

留白构图法

★ 拍摄后期处理

　　自媒体创作者在拍摄完商品照片后，还可以对照片进行后期处理，使得照片更完美，具体包括运用手机自带的编辑器或 PS、Lightroom 等照片处理应用程序调整照片的角度、去除照片多余部分、添加滤镜、调整画面明暗度、添加文字和其他特殊效果。

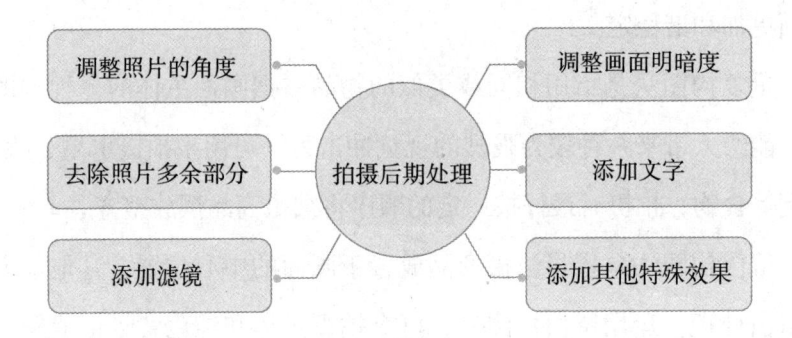

```
调整照片的角度         调整画面明暗度
去除照片多余部分  拍摄后期处理   添加文字
添加滤镜              添加其他特殊效果
```

拍摄后期处理

4.4 详情页设计与展示

自媒体创作者在电商类平台进行相关商品的广告宣传时，需要通过商品详情页展现商品优势，引发用户兴趣。那么，商品详情页具体包括哪些内容呢？如何设计优秀的商品详情页呢？

4.4.1 详情页的构成要素

具体而言，商品详情页指的是介绍商品相关信息的页面，其构成要素有商品特征（外观、质地、功能等）、商品优势（与同类商品相比所具有的亮点，比如品牌优势、价格优势等）、产品认证、物流售后等信息。自媒体创作者可结合商品自身特点，宣传商品最大的特征或最亮眼的优势，酌情选择在详情页上突出哪些信息。

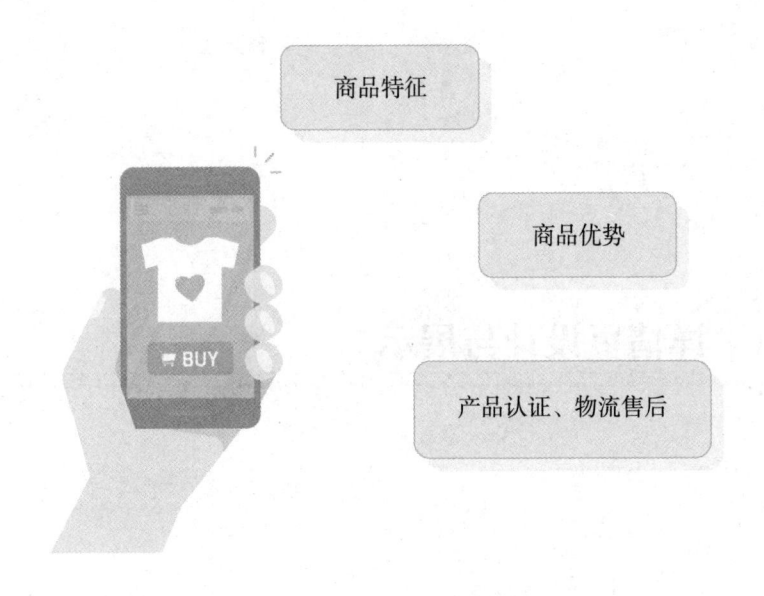

商品详情页的构成要素

4.4.2 详情页的设计、展示要点

商品详情页的质量将直接影响用户流量的转化率。自媒体创作者在电商类平台进行商品宣传、广告投放时，商品详情页的设计、展示要点参考如下：

第一，做好调研，提炼商品优势。前期调研工作包括了解用户需求、消费水平、年龄段，以及同类商品的优劣势等。在收集到足够的信息后，再有针对性地梳理、提炼宣传商品的优势与亮点。需要注意的是，自媒体创作者在提炼商品优势和亮点时需进行一定的排序与归纳，注意点与点之间的逻辑，以方便接下来的文案写作。

第二，撰写文案。商品详情页的文案质量越高，越能在第一时间吸引用户的目光，激发用户需求。需要注意的是，文案首先要简单有力地点明商品的最大优势；其次，文案最好能呈现具体化的场景，让用户产生联想，强化用户的需求。

第三，寻找适合的图片素材。商品详情页图文并茂才足够吸引人，如果只有大段文字是很枯燥乏味的。因此，自媒体创作者应寻找合适的、优秀的图片素材去搭配文案，增添视觉吸引力。

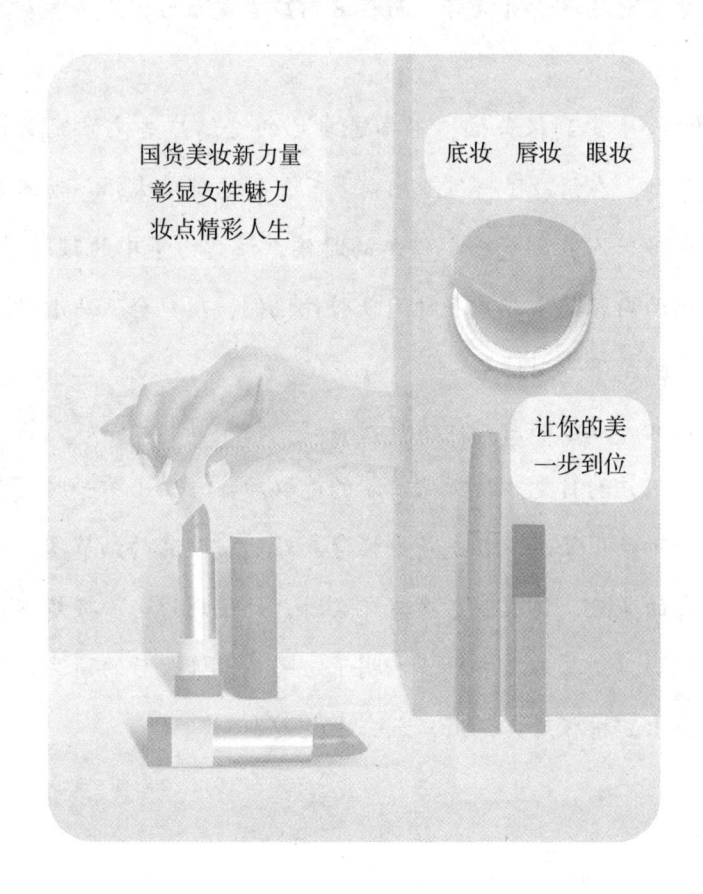

化妆品详情页展示示意图

经典案例

突出亮点，增加印象点

刘女士是一位自媒体创作者，近日在为某款精油护肤品做商品详情页。为了吸引更多用户的关注，她将这款精油护肤品的优势详细列出，并根据自己的使用体验撰写了长篇文案，辛苦了好几天才将商品详情页做好。而在这篇广告发布后，点击量却远不如预期。

刘女士感到很苦恼，不知道自己的这篇广告文案究竟出了什么问题。在请教了一位业内前辈后，她才恍然大悟。前辈告诉她，大多数人在浏览手机信息的时候，注意力集中的时间很短，如果画面内容无法在第一时间吸引住他们，用户会立马滑动手机屏幕，跳至下一则信息。

刘女士设计的商品详情页内容过于复杂且长篇累牍，实在难以吸引用户的目光。在听从前辈的建议后，刘女士第一时间对商品详情页做出修改，首先是更换这款精油护肤品的细节图，突出其最大的亮点；其次，在撰写文案时，她使用短句去提炼这款商品的优势，使其看上去更清晰明了。果然，修改后的商品详情页亮点突出，排版清爽，用户点击率大增。

4.5 物流合作

如今，电商类自媒体平台聚集了大量的创作者，各种新鲜有趣、精准有效的内容源源不断地刺激着流量转化，订单量也随之节节升高。这时，仓储物流便成了自媒体达人关注的焦点。

很多电商类平台建立起了完善的物流体系，平台商家可借助平台提供的仓储物流服务解决货品存储与配送的问题。但一些个人创作者或自媒体电商团队既无实力自建物流体系，又无法在繁杂的仓储配送工作中投入太多时间、精力，更无法承担过高的物流成本。对于这部分自媒体人而言，如果仓储物流的痛点不解决，就很难在激烈的市场竞争中存活下去，更无法实现流量运营与变现。

这种情况下，自媒体电商运营团队可以选择与专业靠谱的第三方物流公司合作，在腾出更多时间及人力资源去发展自己的优势业务的同时，一举解决商品包装、保管、运输、流通等难题，从而大大提高了用户的满意度。

4.6 客服与售后

在电商类自媒体平台运营与流量变现过程中，无论是客户服务还是售后服务都是其中的重要环节，捋清客服工作的相关注意事项、注重售后服务质量，才能有效提高客户满意度和流量变现效率。

4.6.1 自媒体电商客服的注意事项

很多时候，自媒体电商比传统电商节奏更快，而自媒体电商客服除了要具备传统电商客服的必备技能外，还要注意以下事项：

- 深入了解商品的相关信息
- 了解商品最新的优惠活动细则
- 始终保持良好的态度
- 注重售中服务

自媒体电商客服的注意事项

第一，深入了解商品的相关信息。比如商品规格、产地、特点、功效、赠品内容、配送时间及关联商品的相关信息等。

第二，了解商品最新的优惠活动细则。比如折扣策略、赠品策略等，以方便随时回复客户的询问，减少询单流失率。

第三，始终保持良好的态度。客服要耐心地为客户详细介绍商品的相关内容，逐步引导客户下单。如果客户对所介绍的内容缺乏兴趣，客服也要保持友好的态度，在合适的时候向客户推荐其他热销商品。

第四，注重售中服务。在客户提交订单并正式付款后，客服要第一时间与客户确认订单的相关信息。在收到货品前，客户可能随时会向在线客服询问一些问题，比如修改订单信息、查询物流信息等，这时客服需及时给予解答并帮助客户解决问题。

值得一提的是，在客流激增的情况下，个人自媒体创作者或自媒体电商团队在条件允许的情况下，也可选择与客服外包公司合作，以降低成本，缓解在线客服压力。

4.6.2 注重售后服务质量

商品成功销售后，自媒体电商运营团队需要考虑的便是售后服务的问题，比如退货退款、换货、补发、货品维修等。在售后客服向客户提出建议、帮助客户解决问题的同时，运营团队也要充分利用第三方物流来提高换货、补发等售后服务的效率，从而提高客户的满意度。

总而言之，在自媒体电商不断发展的当下，如果不注重售后服务质量，就一定会造成客户的流失。反之，完善售后服务体系，注重售后服务质量，才能有效增加客户黏性。

第 5 章

音频类自媒体运营与变现

随着现代互联网科技的急速发展，互联网音频平台也逐渐涌入人们的视野。网络音频平台以传统的广播电台为基础，结合现代互联网技术，为自媒体创作者提供了更大的创作平台和变现机遇。如果你自觉声音条件不错，有着过人的音乐才能或其他专业知识与技能，就可以尝试从音频自媒体平台出发，开启你的自媒体运营之旅。

5.1 常见平台：喜马拉雅、荔枝 FM、蜻蜓 FM、企鹅 FM 等

如今，有越来越多的网络音频平台可供自媒体创作者自由选择，常见的音频类自媒体平台有喜马拉雅、荔枝 FM、蜻蜓 FM、企鹅 FM 等。这些音频平台有着不同的运营特色，自媒体创作者可以据此选择适合自己的音频平台进行自媒体运营。

5.1.1 喜马拉雅

喜马拉雅是最常见的音频平台之一，是大多数爱好音频节目用户的首选。喜马拉雅于 2013 年在手机客户端正式上线，到 2015 年，仅两年时间里用户就已经破亿，是国内发展十分迅速的音频平台。

与其他音频平台相比，喜马拉雅平台的优势体现在以下方面。

内容全面，节目形式多样，受众广泛

注重培养用户的参与感和互动感

变现方式多样

喜马拉雅平台优势

第一，喜马拉雅平台一经上线，便吸引了大批用户的注册和收听。因为其囊括的节目形式多样，包括音乐电台、曲艺电台、广播剧等。更有很多知名主持人、音乐人、曲艺人等纷纷注册电台，相继推出作品。

第二，喜马拉雅平台注重用户的参与感和互动感，并针对用户喜好，通过大数据为用户推送感兴趣的内容。自媒体创作者可以根据平台的推荐，通过注册音频主播，开发个人频道，在平台上制作、输出自己的内容。平台运营人员发现其价值后，会与主播签约。其中，平台有声书受众最为广泛，其主播人数也最多。另外，自媒体创作者还可以在喜马拉雅平台上开展线上直播节目，与平台用户互动，加强节目效果，吸引节目听众。

第三，喜马拉雅平台的变现方式有很多，创作者可以通过完成有声任务来获得付费分成，也可以开通语音直播功能带货获取佣金。另外，与平台正式签约的有声主播能够收取一定的报酬，有着专业知识、技能的自媒体创作者也可以通过开通付费节目的方式获取收益，等等。

5.1.2 荔枝FM

荔枝FM也是国内兴起较早的音频社区，平台致力于"帮助人们展现自己的声音"，帮助大多数用户通过声音记录和分享自己的生活。荔枝FM于2013年上线，倡导"人人都可做主播"，引导用户通过手机注册账户，录制上传节目，开播门槛低也成为该平台的特色之一。

荔枝FM的主要用户群体为年轻人，他们与互联网经济一同成长，在信息纷杂的时代，他们有着更高的表达欲望，兴趣也更为广泛，因此，他们也成了荔枝FM的主要创作群体。

创作者可以在荔枝FM平台开通个人播客和录制节目，其内部有着强大的录制功能，创作者在录制节目的过程中可以随意添加、切换多首音乐，并且能形成自动混音效果，在大幅度降低技术门槛的同时，帮助创作者制作属于自己的声音。

荔枝FM平台主播在积累了足够的粉丝量后，可以通过投放广告的方式获取一定的广告收益。如今，该平台的内容创作者既可以开通直播赚取礼物收益，又可以发布付费声音获取收益。

5.1.3 蜻蜓 FM

蜻蜓 FM 是国内首家网络音频应用，于 2011 年 9 月上线。该平台收录了 1500 家广播电台，囊括了多方面内容，涉及文化、财经、科技、音乐等领域。蜻蜓 FM 主打广播电台节目，以传统的广播形式为基础，结合现代互联网技术，使得用户可以跨地域收听广播电台。

蜻蜓 FM 曾提出 PUGC（专业用户生产内容）战略，诚意邀请各领域自媒体人加盟平台，展现自我，挥洒才华。近年来，蜻蜓 FM 与传统电台合作，致力于挖掘优质主播，并为平台的内容创作者提供了丰厚的资金支持。正因如此，越来越多的自媒体创作者选择在蜻蜓 FM 上制作、发布音频节目并成功实现了流量变现。

蜻蜓 FM 的变现方式同样有很多，创作者可以选择开通个人频道和直播赚取收益，也可以选择和运营广告商合作，赚取广告费。声音条件出众的创作者还可以尝试制作有声书来获取收益。

5.1.4 企鹅 FM

企鹅 FM 是腾讯旗下推出的一款移动音频内容分享平台，其服务形式与喜马拉雅、荔枝 FM、蜻蜓 FM 相似，涵盖了有声书、新闻电台、曲艺电台等内容。很多自媒体创作者选择入驻企鹅 FM，源于该平台具有以下优势：

```
┌─────────────────────┐
│ 拥有丰厚的正版有声资源 │
└─────────────────────┘

┌─────────────────────┐
│ 界面干净、清爽、工整 │
└─────────────────────┘

┌─────────────────────┐
│    突出的渠道优势    │
└─────────────────────┘
```

企鹅 FM 平台优势

首先,企鹅 FM 拥有包括自制节目、有声书、相声评书、时事新闻等在内的极为丰厚的正版、高清有声资源。

其次,企鹅 FM 网站界面十分清爽干净,别具特色,很符合人们的审美品位。

最后,企鹅 FM 是腾讯旗下平台,腾讯能为其带来源源不断的流量,平台上的优质内容也能得到极大的曝光率。

以上提及的各大音频平台,多为聚合型网络音频平台。一般是由专业的公司开发,聚合了多种广播形式,从而构成了现在的音频内容。聚合型音频平台的服务形式基本类似,竞争极为激烈,为了收听效果和收听率,平台也在不断探索,为主播提供更多的机会。相比其他类型的自媒体平台,音频类自媒体平台盈利和变现的难度较大,因此,自媒体创作者更应该注重内容的充实性,以优质的内容赢得这场"流量突围战"。

5.2 账号注册

账号注册是运营音频平台自媒体的第一步，也是极为重要的一步，它关系到账号的定位，以及日后引流的方向。选择加入音频平台的自媒体创作者在注册账号之前最好精准定位目标听众，了解自己如何才能引起目标听众的关注。

在注册账号、成为音频平台自媒体运营者前，创作者应该提前准备好需要的材料。一般来说，注册账号分为个人账号注册和机构账号注册。两种账号需要的材料各不相同。

对于个人账号而言，在注册账号前，创作者应该准备好自己的身份证等个人资料。大多数音频平台主播账号的注册都需要实名认证，因此需要准确提供自己的个人信息。其次，要在注册前考虑好自己的名称和头像，确保在注册时节省时间。还要提前预备好自己的介绍词，要让听众在进入频道主页后可以迅速了解频道的主要运营方向。这些内容最好在账号注册前就准备好，以节约后续注册时间。

对于机构和企业而言，注册时除了要准备好个人资料外，还要注意提前备好公司或机构的营业执照。大多数平台因为实名制的原因，会要求机构和企业提供营业执照和法人信息。这些信息应该在注册前备好，否则会对注册过程产生阻碍。

音频平台主播账号的注册方式与其他类型的自媒体平台差异不大，同样需要提供个人身份证号码、联系方式等信息。

在喜马拉雅、荔枝 FM、蜻蜓 FM、企鹅 FM 这四个音频平台中，荔枝 FM 平台注册流程较为简单，下载荔枝 FM 应用程序，打开，输入手机号、获取验证码、填写资料后便能完成注册。如要开通直播则要进行实名认证，而且只有在达到一定的等级后才能与平台签约。

想要成为蜻蜓 FM 平台主播，需下载"蜻蜓主播"应用程序，在应用程序上根据提示完成一系列注册步骤。

想要成为企鹅 FM 平台主播，则需在电脑上打开企鹅 FM 主播管理平台（网址为 https://nextradio.qq.com/），点击注册，选择用户类型（个人主播/电台机构），填写相关资料，包括主播名、联系地址、主播简介等，再完成实名认证，等待平台审核。与其他平台不同的是，企鹅 FM 平台主播申请者需要上传代表作品才能优先进入审核。

想要成为喜马拉雅平台主播，大致需要遵循以下流程：

首先，下载喜马拉雅应用程序；用手机号登录进入喜马拉雅主界面；点击左下角"我的"。

喜马拉雅平台首页

点击"创作中心";点击"我的直播"。

喜马拉雅后台"创作中心"页面

进入"主播认证"界面;选择个人实名认证,点击"去认证"。

喜马拉雅后台"主播认证"页面

　　填写身份证号，同意"授权声明"；确认证件，进行人脸验证。

　　通过认证申请，正式成为平台创作者。

　　需要注意的是，"完成认证"时，平台提供了个人实名认证和机构官方认证两种方式，普通音频创作者选择个人实名认证即可。

　　"确认证件"时，拍摄身份证正反面并上传，注意避免证件反光。进行"人脸验证"时，需根据提示做出眨眼、点头动作。

运|营|智|慧

注意账号细节

　　账号注册作为音频平台自媒体运营的第一步，在细节上也要十分注意。想要做好后续的账号引流，在注册账号时就应该重点注意头像、昵称及签名词等方面的细节，这些是账号的"门面"。

　　● 在注册账号、设置头像时，一定要选择能够令用户产生愉悦观感的图片，并且图片要与账号的内容相符。也可以选择真人照片，或者风景照等。

　　● 昵称的选择一般要结合频道的内容形式编创。例如，有声书频道的运营账号通常会选择主播的名字作为昵称，这样既可以让听众快速记住主播的名字，又有利于后期的互动引流。

　　● 签名词一般能直接表现频道主旨，其主要作用就是介绍该频道是做什么的。编辑个人签名时，除了介绍频道的内容，还可以添加自己的座右铭或其他有趣的信息，以展现自我个性，引发听众的兴趣。

5.3 音频内容生产

对于音频平台的自媒体创作者而言,想要通过音频引流、实现流量变现,关键在于提升音频的内容质量。以下将从音频内容录制和特色账号的内容生产两方面出发,解析音频内容生产的方法及注意事项。

5.3.1 音频内容的录制

随着现代移动终端的快速发展,音频自媒体创作者可以随时随地录制声音,大到专业的录音设备,小到智能手机,都可以进行录音。创作者可根据自己选择录制的节目形式选择录音设备,比如录制广播剧通常需要非常专业的录音设备,而录制一些简单的谈话或独白则没有这么严格,用手机自带的录音软件即可进行录制。

在录制之前,音频自媒体创作者一定要熟读文案,避免在录音的时候多次出错，影响情感表达。录音时，创作者应选择安静的环境并与话筒保持适当的距离，避免喷麦。

5.3.2 特色账号的内容生产

对于音频自媒体创作者而言，想要吸引目标听众的关注，首先应该做到突出账号特色，让听众一眼就能被其吸引，从而成功实现引流。现阶段，音频类平台常见的节目形式有有声书、娱乐节目、教育科技类节目等。由于这些节目的定位不同，内容生产的方式也各有不同。

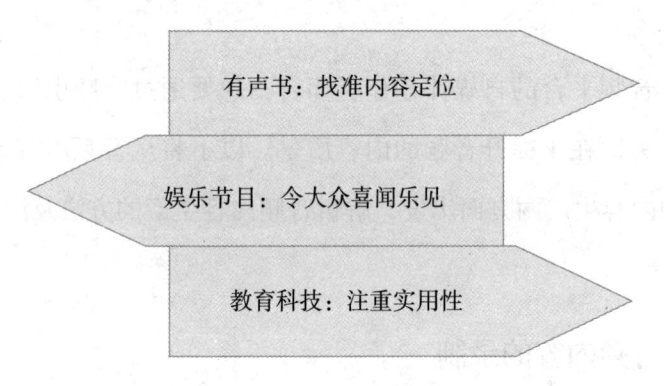

有声书：找准内容定位

娱乐节目：令大众喜闻乐见

教育科技：注重实用性

不同音频节目有着不同的定位

★ 有声书：找准内容定位

音频类平台的有声书内容丰富多样，主播声音也各有特色，因此，有声书得到了迅速的发展。

有声书频道的内容定位十分重要。大多数成功的主播都是专注于一个方向深耕，而在选择深耕方向时，除了要考虑主播自身的声音条件外，还要密切关注听众的兴趣。一般来说，有声书的内容定位主要是根据听众的喜好来选择。

对于有声书而言，寻找素材并不难，难点在于主播的声音条件和表演能力。因此，有声书频道对于主播的要求相对严格，需要经过一定的专业学习，才能满足有声书制作的条件。现在各大音频平台也相继推出了很多相关的内容培训，创作者可以先进行专业学习，然后再选择有声书的制作。

★ 娱乐节目：令大众喜闻乐见

音频平台的娱乐节目有音乐类节目、曲艺类节目等。这两类节目都可采取两种制作形式：一种是单纯的节目输出，一种是配合文案输出内容。

单纯的节目输出指的是只播放音乐和曲艺节目，这种制作方式相对简单，无须复杂的内容。一般先确定频道输出方向，便可以按计划搜寻相关内容进行编排，再固定输出内容。音乐类节目方向又可以分为不同地域的音乐、怀旧音乐等，针对不同的听众可输出不同的内容；曲艺类节目也一样，频道输出方向可以是相声、小品、戏剧等，创作者可根据现实情况自行选择。

配合文案输出内容的方式相对复杂，对主播的要求也较高。一般来说，音乐类的节目配合文案的较多见。制作方式与音乐电台的形式类似，配合一些情感小故事或优质文案，结合音乐为听众打造另类的听觉感受。创作文案时可以结合自身经历，也可以融合他人的经历，还可以从听众的故事中获得灵感，而征集听众故事的过程还能提高账号互动率。而对于曲艺类节目，文案可以配合曲艺的类型编写。比如，相声、小品类的频道可以配合一些幽默故事，以营造更好的听觉氛围。

★ 教育科技类：注重实用性

教育科技类节目更注重实用性。一般来说，音频平台的教育类节目多见于语言教学或儿童故事类。而科技类节目也多倾向于科普方向，听众可以从中学习到实用性内容。

音频类平台中，教育科技类节目相对少见，因为这类节目容易枯燥无趣，很难积聚流量。为了能更好地引流，在制作这类节目的时候，创作者应该注意提高文案的趣味性，而不能是简单的说教，否则更难让听众接受。教育类节目的制作要求相对较高，这类节目带有引导性质，因此，在选择文案内容时应该尤其慎重。无论是针对儿童还是成年人，讲课、演讲类的文案都应该经过慎重筛选，切不可产生误导性。

经典案例

找准定位才能一击即中

李先生是一位音频类主播，但是他的粉丝量和关注度一直不高。为此，李先生十分苦恼，便找来了专业人士为其进行账号分析。

专业人士分析了李先生的频道，发现他的频道存在一个明显的问题，就是内容十分混乱。整个频道中没有一个突出的特色栏目，所有的内容堆在一起显得杂乱无章。其实，李先生的制作比较专业，内容也比较新颖，但一直没有找准自身的定位。频道中各种形式的内容都有，既有分享类，又有有声书，这就导致平台无法对李先生的频道进行定位，也无法为其提供合适的营销方案，更无法进行频道推广。

后来，李先生根据专业人士的分析，结合自身的优势特点，开始专攻情感类的节目。由于他的观点足够新颖，说话方式也很有特色，很快便在平台火爆起来，逐渐也接到了很多广告邀约。

5.4 音频剪辑

音频自媒体创作者在准备好内容以后，就可以进行音频录制和剪辑了。随着现代科技的发展，音频处理工具也在不断发展。如今，市面上的剪辑软件有很多，创作者可利用手机、电脑随时随地处理和编辑音频。

一般来说，音频处理就是对声音进行编辑，声音编辑包括声音的拆分合并、添加音频效果和叠加背景音乐或旁白。

5.4.1 声音的拆分与合并

录音完成后，便可以开始进行声音的拆分与合并处理了。拆分和合并音频通常是为了能够更好地插入背景音乐或添加音频效果，因此，在拆分和合并音频前应先确定拆分的时间点，考虑清楚是否需要在某处添加内容，这样可以避免后期来回剪辑，导致音频内容混乱。

如果是根据剧本录制的音频，在拆分和合并的各个时间点可以进行声音标记，比如适当地停顿，这样可以帮助后期快速找到需要剪辑的点，也方便后期剪辑，不会显得突兀。

5.4.2 音频效果的添加

如果对音频进行多次拆分或合并处理，音频之间可能会出现声音突然显示的情况，不同的声音之间也没有合适的过渡，这时就需要适当地添加一些音频效果。音频效果有很多，可以从声音上进行编辑，也可以添加一些有趣的声音效果等。这些都可以缓解声音之间的突然变换，从而使整个音频衔接得更加流畅自然。

5.4.3 背景音乐和旁白的叠加

背景音乐的添加要根据文案的内容和主播自身的声音来选择，比如一个讲述悬疑故事的频道就不适合添加欢快的音乐，这样节目效果会大打折扣。因此，在选择背景音乐之前，创作者最好通篇听一下音频，想象自己作为听众更想听到什么样的背景音乐，尝试将节目效果提到最佳状态。

另外，除了背景音乐，还要在音频的开头和结尾处添加节目介绍，即旁白，一两句话即可。旁白的作用是能直接体现出节目的形式和特点，因此，需要创作者认真打磨。

运|营|智|慧

常见的音频剪辑工具

常见的音频剪辑工具有很多，一般可分为两种，一种是平台自带的音频剪辑工具，一种是较为专业的音频剪辑工具。现在很多音频平台都会自己开发一些音频编辑工具，比如喜马拉雅、荔枝FM等平台，这些音频平台自带的工具使用起来都较为简单。而专业的音频编辑工具通常适用于专业广播剧、音乐等节目制作，这些工具需要经过专业的学习才能熟练操作。

- 平台自带的音频剪辑工具。现阶段使用最多的平台自带的音频剪辑工具要数喜马拉雅的云剪辑。其软件中自带的剪辑工具，可以帮助主播进行音频的编辑工作，包括添加音乐效果、背景音乐等。这些背景音乐已经被平台购买了版权，创作者可随意选用。因此，对于要求不高的节目，平台自带的音频剪辑工具是绝佳的选择。

- 专业的音频剪辑工具。现阶段使用较多的专业的剪辑工具有Adobe Audition、Cakewalk Sonar等软件。这类软件的特点是专业，可以为后期制作提供先进的音频混合、编辑、控制功能。这些软件的功能十分强大，可以录制音乐、广播剧等。对声音的编辑也更为专业，可以达到完美的降噪效果。但这类软件通常需要经过一定时间的学习与实际操作后才能掌握，而且大多数软件还需要配合其他专业软件一起使用。因此，这类软件多用于专业广播剧和音乐制作类节目。

5.5 开通付费专辑

如果前期工作做得不错，粉丝量和关注度也在逐步增加，主播就可以考虑开通付费专辑。付费专辑的开通需要一些特定的条件，只有满足这些条件，平台才允许开通付费专辑。

5.5.1 如何开通付费专辑

以喜马拉雅平台为例，开通付费专辑之前，创作者首先要完成喜马拉雅账号的实名认证，并且需要满足账号等级超过 10 级，粉丝数大于 3000 人。

喜马拉雅网页端付费专辑开通步骤大致如下（手机端暂不支持）：

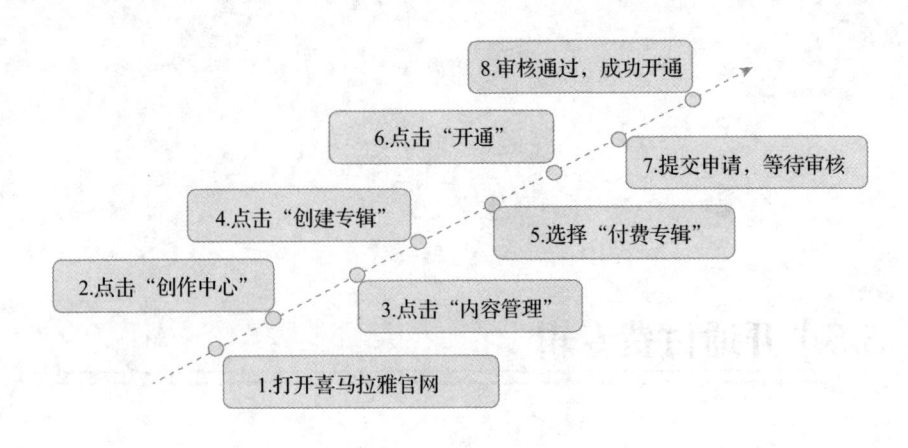

1.打开喜马拉雅官网
2.点击"创作中心"
3.点击"内容管理"
4.点击"创建专辑"
5.选择"付费专辑"
6.点击"开通"
7.提交申请，等待审核
8.审核通过，成功开通

喜马拉雅网页端付费专辑开通步骤

5.5.2 开通付费专辑的条件

大多数的音频类平台开通付费专辑的条件都比较苛刻。平台一般会要求主播频道的粉丝达到一定的数量、收听率较高、内容有一定的水准，才可以开通付费专辑。除了平台的要求以外，想要开通付费专辑，频道自身还需要满足一定的条件，包括内容原创有特色、适当地包装推广等。

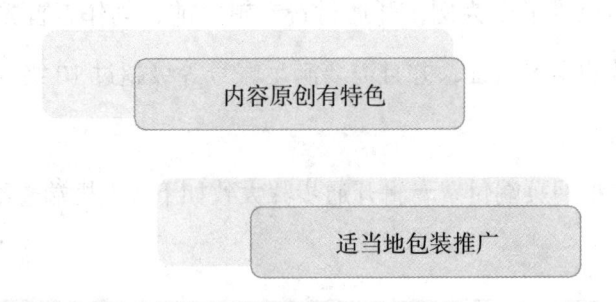

内容原创有特色

适当地包装推广

开通付费专辑需要满足的条件

★ 内容原创有特色

音频类平台中很多频道的定位方向都是相似的，想要开通付费专辑变现，频道自身必须有清晰的定位，内容必须要有特色。只有做到这些，才能保证开通付费专辑以后，可以及时地变现增粉。

内容的原创十分重要，如果都是千篇一律地讲听众已经知道的事情，是不可能从成百上千的频道中脱颖而出的，因此，文案内容一定要有深度，要有自己的风格特色。

★ 适当地包装推广

开通付费专辑以后，创作者需要与平台商定推广和包装的形式。付费专辑一般只有通过恰当地推广营销才能吸引粉丝和流量，因此，一定要有包装和推广的能力，这样才能保证节目收听率的稳步提升。为了引流，付费专辑的前几期通常是可以免费收听的。这几期节目的质量一定要高，这是吸引粉丝购买付费专辑最好的方式。同样，其他免费的专辑内容效果也要有所保证，因为大多数粉丝都是听过免费的专辑后才会购买付费专辑的。

一般情况下，付费专辑的收益都很不错，但对于普通主播而言，付费专辑开通的门槛比较高。不过，平台也有其他的变现方式，比如现在比较流行的会员收听方式。这类方式一般都是与平台分成，也是大多数主播选择的一种变现方式。

很多音频平台为了帮助普通主播变现，会邀请主播加入会员池。

这样当粉丝加入平台会员并收听付费专辑时，主播也会有所分成。通常，主播会根据频道内专辑的播放量获得相应的会员分成收入。这种方式需要主播和平台进行合作，因此在开通前一定要进行详细的了解。

除了会员分成的方式外，现阶段音频平台为了引流还开通了一些其他的变现方式，比如付费圈子、知识星球或直播等。这些形式也是普通主播变现的方式，每个平台对此都有不同的要求。

当然，对于音频类平台而言，内容永远是第一位的。只要内容有特色，就可以吸引粉丝，增加收听率。主播在平台内建立起一定的影响力后，就可以开通付费专辑进行变现。

5.6 贴片广告变现

贴片广告是最直接的变现方式。通常情况下，优质的频道会接到一些广告公司的合作邀约，而合作方式就是将广告内容添加至节目内容中。贴片广告，顾名思义就是随着节目的播放而出现的广告，这种广告形式比较直接，也比较适合音频类平台的调性。

5.6.1 贴片广告有哪些形式

贴片广告根据其播放的位置一般分为前贴片广告、中贴片广告和后贴片广告。不同位置的广告有着不同的作用和效果，至于广告应该放在哪个位置，一般需要结合广告内容及节目内容来决定。

贴片广告的形式

前贴片广告就是在音频播放之前播出的广告。当听众点击该音频后，首先听到的就是这段广告。前贴片广告也是贴片广告收益最好的形式，因为这类广告放在节目之前，听众收听的概率很高，一般不会因为广告内容而选择放弃收听。这时的听众大多数还没有产生听觉疲劳，对于广告的内容可能会留下较为深刻的记忆，广告效果可以达到最佳。但是，切记不能在音频节目内容之前放置过多的广告，这样很容易引起听众的不耐烦心理，甚至直接影响正常内容的播放。

中贴片广告就是在节目中间播放的广告，这时节目会中止，随即会播放贴片广告，待广告播放完毕，音频内容会继续播放。在音频中间插播广告相对有些困难，需要考虑的问题有很多。比如，如何插播？插播的内容是否与节目内容相关？插播的形式是什么？这些问题都是进行中贴片广告时需要考虑的，否则容易引起听众的不满。

后贴片广告就是在节目播放完毕后播出的广告。这类广告的效果通常不太好，因为听众听完节目内容后，很少会继续关注广告内容。

由于听众对这类广告缺乏收听动机，因此，后贴片广告的播放效果通常不尽如人意。

5.6.2　如何让贴片广告达到最佳效果

广告自出现以来，无论在任何平台的播放都容易引发人们的不满情绪。如果播放效果不好，甚至会造成听众对节目产生抵触情绪。如何让贴片广告效果达到最佳，还不会被听众反感是件很难的事情。

贴片广告的位置在很大程度上决定了其收听情况，而其内容才是决定广告效果最重要的条件。贴片广告想要不引起人们的反感，首先广告的内容不能与节目的内容相差太大，最好能衔接自然。对于前贴片广告，一般一两句精练优质的文案就可以让听众轻松记住这条广告。而中贴片广告，则需要考虑它是否能与音频内容相互联系。一般来说，与音频内容联系紧密、衔接顺利的广告，是不太会引起听众不满的，甚至可能会博听众一笑，起到更好的效果。广告插播的形式，需要主播在制作音频时格外地注意。

贴片广告虽然是音频变现最好的形式，但运用不好可能会适得其反。因此，在接受广告方邀约时应慎重考虑，切不可因小失大。

5.7 平台签约

音频类主播与大型平台签约后,很多推广和营销方面的工作都会由平台帮助完成,从而减轻了很多负担。平台签约一般分为主动签约和平台邀约两种形式,主动签约指的是主播在拥有一定的粉丝基础后,可向平台发出签约申请;而平台邀约的要求比较高,需要主播及其节目的粉丝量和流量达到一定的等级。

5.7.1 主动签约

大多数的音频平台都开通了签约申请通道,只要满足申请条件,便可以向平台申请签约。一般来说,平台会给出相应的条件,比如有声书和广播剧的主播需要有实名认证,在专辑播放量和粉丝量等方面也有一定的要求。主播发出申请后,平台会有相应的工作人员进行审查，审核后台的播放量及节目内容。

除此之外，现在很多音频类平台也开通了配音教学等内容，通过平台内部的学习，经过一定的考核后，也可以直接与平台签约。目前，很多平台的签约方式已经多样化，主播可以根据需要和制作节目的内容和形式来决定是否与平台签约。

5.7.2 平台邀约

平台邀约对于主播的要求比较高，这类主播通常已经在平台内部拥有了一定的影响力，这时平台会主动邀请这些主播加入平台，成为签约主播，并帮助这些主播引流和推广，实现双赢。想要达到平台邀约水平，主播制作的节目在内容和形式上一定要是独一无二的，粉丝量和关注度也要超过大部分同类型的频道。

与平台签约后，平台除了会帮助节目进行推广和引流外，还会拿走部分分成。因此，主播在与平台签约时有必要将这部分细则了解透彻，以免后续出现麻烦。

音频平台拥有更专业的引流方式，可以更好地推广节目。但是否与平台签约，需要自媒体人结合自身情况自行决定。

第6章

视频类自媒体运营与变现

在互联网时代，视频类平台发展迅速，甚至成了当下自媒体的中流砥柱。可以说视频类媒体的出现带动了自媒体的发展，越来越多的人开始投身于自媒体行业，为观众带来快乐的同时，也获得了流量和收益。视频类自媒体平台也成为创作者运营与变现的首选平台类型。

6.1 常见平台：抖音、快手、哔哩哔哩等

随着互联网的飞速发展，很多视频类平台都涵盖了多种营业方向，越来越多的自媒体人选择通过视频类平台进行运营和变现，视频类媒体逐步占据了新媒体行业的半壁江山。常用的视频类平台有抖音、快手、哔哩哔哩、YY等，下面介绍几个常用的视频类平台。

6.1.1 抖音

抖音是字节跳动公司开发的一款音乐类短视频软件，于2016年9月上线，上线后即引发了广泛关注。创作者可拍摄创意类短视频，配上背景音乐，形成自己的作品，然后上传至抖音平台，以吸引用户关注。

抖音的拍摄和制作相对简单，没有长视频那么复杂，拍摄要求也相对容易满足。创作者可以根据自己擅长的方式制作原创内容，由

于抖音的流量是现阶段视频类平台中的佼佼者，因此，创作者想要引流也更加容易。另外，抖音账号涉及的内容也相对广泛，没有行业的限制，变现方式也比较直接，包括广告变现、橱窗带货变现等。

正因为这种种优势，抖音视频制作成了现代自媒体人最常用的创作方式之一。如今，抖音上的优秀创作者已遍及各行各业，创作的视频形式也十分多样。

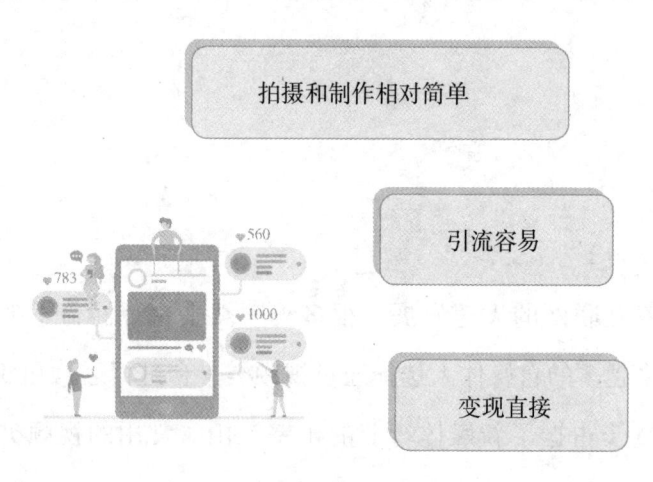

抖音平台的优势

6.1.2 快手

快手是北京快手科技有限公司旗下的平台，该平台的前身是"GIF快手"。在2015年前后，"GIF快手"转变方向，成为短视频软件市场的一分子。快手的定位与抖音极为相似，都是用户记录日常生活点滴和自媒体宣发的工具。

快手上的自媒体创作者可以通过直播与粉丝进行实时互动，其所创作的内容形式多样，题材覆盖方方面面，受众广泛。不过与抖音不同的是，快手的核心用户下沉，更多的聚焦于普通人的生活和娱乐。因此，普通创作者在快手平台更能展现自己的特色，其所创作的内容也更注重社会化，更贴近普通人，更容易引起普通大众的共鸣。

快手平台的变现方式也与抖音类似，包括广告变现、创办快手小店售卖商品、直播礼物分成等。

6.1.3 哔哩哔哩

哔哩哔哩简称 B 站，是国内知名的综合性弹幕社区视频网站，也是国内最大的二次元文化的聚集地，其受众主要是年轻人。

B 站最开始是面向二次元，也就是动漫类视频的平台，但随着越来越多的自媒体人的加入，平台上的视频类型也变得丰富多样。目前，B 站涵盖了动画、番剧、音乐、舞蹈、游戏等多个领域的视频，积累了大批忠实用户。

B 站受众更偏向于年轻群体，而大多数的创作者也都是具有个人特色的年轻人。同时，具有专业知识和技能的自媒体创作者更容易在这一平台上获得展示自己的机会，吸引用户的关注。

B 站最为出名的就是它视频上方的实时评论，也就是"弹幕"。弹幕能够实现引流，也是用户间进行交流互动的工具之一。用户在观看 UP 主发布的"种草"视频时，可通过弹幕实时发布感想，其他用户也能通过弹幕产生一种部落式观影的体验感，增加更多的观影乐趣。

B 站平台的自媒体创作者可通过收取粉丝在线打赏、发布商业推广视频等方式实现流量变现。

6.2 账号注册

对于自媒体创作新人而言，在选择好创作平台、确定好创作领域后，下一步就是注册账号。

6.2.1 账号注册步骤

各视频类平台的账号注册步骤相差无几，而且大多数软件在下载后打开时都会有步骤引导。进入平台后，创作者首先要找到下方"我的"这一栏，点击"我的"就可以看到账号注册的方法。

输入手机号，点击发送验证码，就可以进行账号注册了。也可以通过其他平台进行注册，如微信、QQ、微博等。此外，抖音账号还可以通过今日头条账号进行注册。不过，无论用哪种方式注册，都需要手机号验证，平台会根据手机号初步判断账号是否实名。

随后便是对个人资料进行编辑，创作者可以根据自身情况进行个人资料的填写。填写个人资料时应尽量全面，这也是平台判断账号是否是"僵尸号"的重要一步。可根据个人账号的内容和形式上传合适的头像，并设置恰当的签名和昵称。

最后，大多数平台由于政策原因都会要求账号进行实名认证。如果是个人账号，在注册前注意准备好个人的身份证等。如果是企业或机构账号，还需要进行营业执照的验证。

大多数的视频类平台注册账号的步骤都是大同小异，可以根据平台的步骤提示进行注册。

以抖音为例，简单介绍抖音手机端注册流程：

下载抖音应用程序，打开；进入抖音首界面，点击首页底部的"我"。

抖音应用程序首页

输入手机号、验证码；完善个人资料。

注册成功；点击进入个人主页，进一步完善抖音账号。

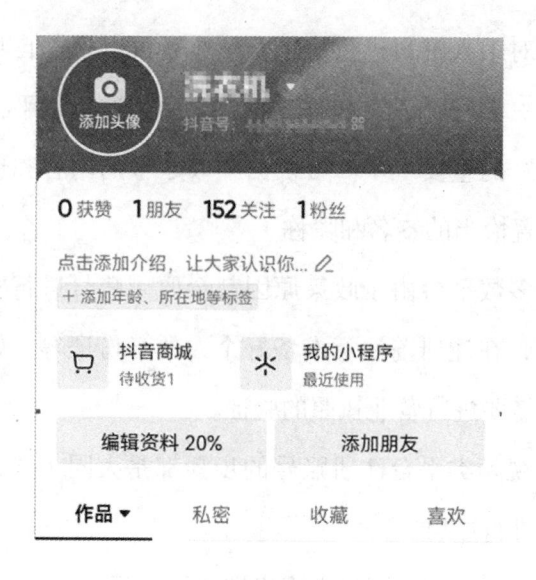

抖音后台首页

6.2.2 注册账号时的注意事项

注册账号时需要格外注意头像、昵称和简介的设置。通常粉丝和广告商了解博主就是通过主页信息。大多数视频类平台的主页都会显示个人信息，因此主页的装扮尤为重要。

对于视频类平台的运营者而言，昵称是非常重要的个人标签。一个运营成功的账号，离不开令人印象深刻的昵称。一个好的昵称应该满足三个条件：通俗易懂、便于记忆、定位明确。通俗易懂和便于记忆都是为了利于传播，一个拗口的昵称是不利于传播的，观众都叫不出来名字，更不要说能记住了。而定位明确是为了让观众能够迅速掌握账号是做什么的，主要面向哪个方向，这样也有利于平台对账号和作品进行分类。另外，昵称不要出现营销性质的词汇，这样很容易被平台限流。

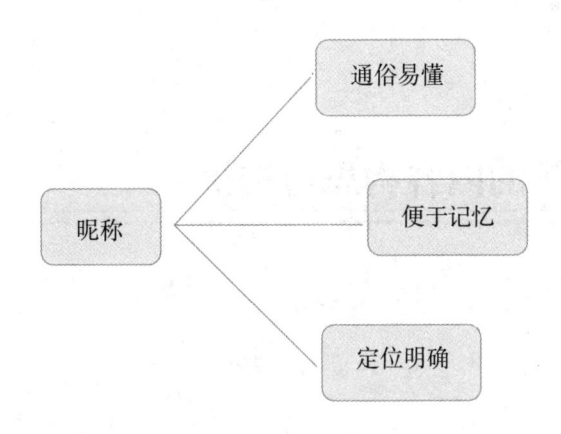

好的昵称需要满足的条件

头像的设置要符合账号特色，不能随便选择图片。有时头像会影响观众对账号的印象，比如一个视频吐槽类的账号，如果使用某明星作为头像，很容易会引发观众的不满，觉得该账号有失偏颇；如果账号属于个人账号，可以选择自己的真人照或动画照作为头像；如果是关于萌宠类的，则可以挂上宠物的照片。这样可以让观众看一眼就了解该账号的性质。

账号简介一定要简单精准，不能过于复杂，要能直接突出账号的特点，点明主题，让用户能够快速了解该账号主要是做哪方面内容的。在编写简介时，除了介绍账号内容外，还可以突出个人特点，比如写上个人的座右铭。或者是提供个人的商务联系方式，以方便后期广告商的邀约。

6.3 视频的内容构思与拍摄

注册好账号后就可以开始制作视频了。在制作视频前，创作者首先要做好账号定位，确定账号主要是做哪方面的内容。一个账号最好只专注一个方向，做好一个方向的内容，也有助于后期的引流。视频的内容构思和制作，以及后期视频的拍摄都要按照这一方向进行。

6.3.1 内容生产的主要工作流程

一般来说，一个视频内容生产的主要工作流程，包括视频选题、脚本编写、拍摄、后期剪辑、发布、维护。其中，视频的选题和脚本的编写关系着后续的所有流程，因此，合适的选题和脚本是十分重要的。

视频的选题关乎整个流程如何进行，所以在选题时，应首先确定好视频的立意。最好能够结合当下的热点，添加个人的看法，从而突出账号特色。在确定选题时，创作者应该考虑视频的大致内容、拍摄的镜头、镜头的分布，以及故事的高潮点。

脚本的编写过程类似于剧本的编写，确定好台词。如果该视频有广告赞助，还应该考虑整个视频与广告词的衔接。

剧情类短视频创作者尤其要考虑拍摄、演员出镜等一系列问题，在整个拍摄过程中，除了要注意运镜技巧外，还要关注演员的演绎，导演和摄影师要与演员配合默契，以达到想要的效果。

视频的后期剪辑也很重要，有些视频可能前期的拍摄不佳，但后期的剪辑可以帮助提升效果。因此，在剪辑时，创作者要注意添加合适的滤镜和特效。

视频制作完成后，就要发布和进行后期维护。发布要找准时间点，一般选择粉丝上线的高峰期。大多数短视频平台的粉丝上线时间都是从傍晚开始。视频发布后，创作者要注意视频的后期走向，关注粉丝评论，多与粉丝进行互动，这样可以增加关注度，还方便对视频进行后期维护。

视频制作不易，每个步骤都要进行严格把关。需要注意的是，无论哪种类型的视频都要坚持原创，不要抄袭和融梗。

6.3.2　内容制作的技巧

很多视频类创作者的内容都存在相似性，同质化严重。因此，想要从同类型的账号中脱颖而出，就要在内容的制作上下功夫。短视频内容制作的技巧有很多，比如从热点话题切入、挖掘话题并观察记录等，简单介绍如下：

从热点话题切入

挖掘话题并观察记录

内容制作的技巧

★ 从热点话题切入

刷视频时不难发现，大多数关注度高的视频都与当下热点紧密联系。毕竟，当下的热点话题是大多数用户都在关注的，这时的热度是最高的。因此，想要获得流量，一定要学会捕捉当下的热点。比如，在一些具有热度的节日到来时，很多平台都会推出相关的热点话题，这时就会引来大量的流量，自媒体创作者也可趁机推出相关视频，比如元宵节"花式吃元宵"的视频，或应景的街边探店、采访视频等。还有一些社会热门话题，自媒体创作者可以做与这一类话题相关的分析、演绎视频等，帮助账号引流。寻找热门话题的方式也很简单，可以参考其他高赞、高评论视频的内容，点击平台热点榜单，搜索、查看热点新闻，等等。

★ 挖掘话题并观察记录

无论是短视频平台还是类似哔哩哔哩这样的长视频制作平台，挖掘合适的内容都是引流的关键。

作为视频类的创作者，应该学会时刻注意观察和记录身边有趣的事情。比如，作为宠物类创作者，想要捕捉宠物的可爱搞笑的瞬间，就需要时刻注意它们的动作和行为。一个剧情向的创作者一定要时刻观察身边人，记录下身边有趣的事件，再进行合适的改编，以引起人们的共鸣。

视频类平台账号想要引得用户的关注，内容是极为重要的。无论是什么类型的账号，最重要的是引起大众共鸣，让大众觉得该内容生动有趣，甚至能够从视频中学到什么。高质量视频的制作也是循序渐进的，学会维系用户，关注用户感兴趣的内容，才能制作出好的视频。

6.3.3 视频的拍摄技巧

创作者想要在视频类自媒体平台上脱颖而出，除了要具备创新策划能力、文案编写能力外，还要掌握相关的拍摄技巧。尤其是剧情人物类和技术类账号对拍摄的要求比较高，所需要的技巧也比较多。

拿剧情人物类视频来说，拍摄这一类视频与电视剧集、电影的拍摄类似，大多数是根据剧本进行拍摄。所运用的拍摄技巧一般是镜头的移动，比如镜头的推拉、升降、摇动、仰拍或俯拍等。在抖音这类短视频平台上，经验丰富的自媒体创作者通常会综合运用这些拍摄手法，产生多姿多彩的效果，有时还会融入多种特效和元素，帮助剧情推进，调动观众情绪，给观众一种耳目一新的感觉。

而对于抖音最热门的视频类型之一——技术流类的视频，其拍摄要求就更高了。通常需要掌握三个技能：运镜、开始暂停和节奏。这类账号主要是靠拍摄技巧取胜，对于运镜要求很高。

运镜其实就是操控手机移动，而手机的移动又要与手势的变化相结合，产生一种操控手机的错觉；开始和暂停就是在拍摄时把控视频录制的开关，一般运用在转场类的视频中。比如前一秒还在家里，而后一秒就到了户外，这种拍摄需要把控拍摄时间。

节奏是这类视频十分关键的地方，一般这类视频主要是结合背景音乐的时间点带给用户视觉和听觉上的双重刺激。每个视频在拍摄时，都可以根据背景音乐的节点来把控时间。只要每个动作都能跟上音乐节点，就可以制作出节奏感极强的视频。

6.4 视频剪辑

视频类平台中，绝大多数的视频都需要进行后续的剪辑，因此，剪辑也成为提升视频效果的重要一步。简单而言，视频剪辑就是对前期拍摄的视频素材进行编辑、整理，并且加入字幕、背景音乐等。自媒体创作者需要掌握视频剪辑的顺序，注意相关剪辑细节，这样才能提升视频的整体质量，从而达到预期效果。

6.4.1 视频剪辑的顺序

在进行视频剪辑之前，创作者一定要清楚剪辑顺序。这关乎整个视频的逻辑是否顺畅，如果不捋清思路就开始剪辑，那么整个视频看起来就会杂乱无章。

一般来说，在剪辑开始前，创作者首先要确定视频的选题，思考视频内容的发展逻辑。比如，对于影视类解析的视频，剪辑前应先熟悉该剧，然后找出剧集中的重点，整理出整个视频的大致框架，最后在这些框架上加入自己的想法，再辅以合适的特效或创意等。

接下来就可以正式开始剪辑了。自媒体创作者可参考以下步骤进行视频剪辑：

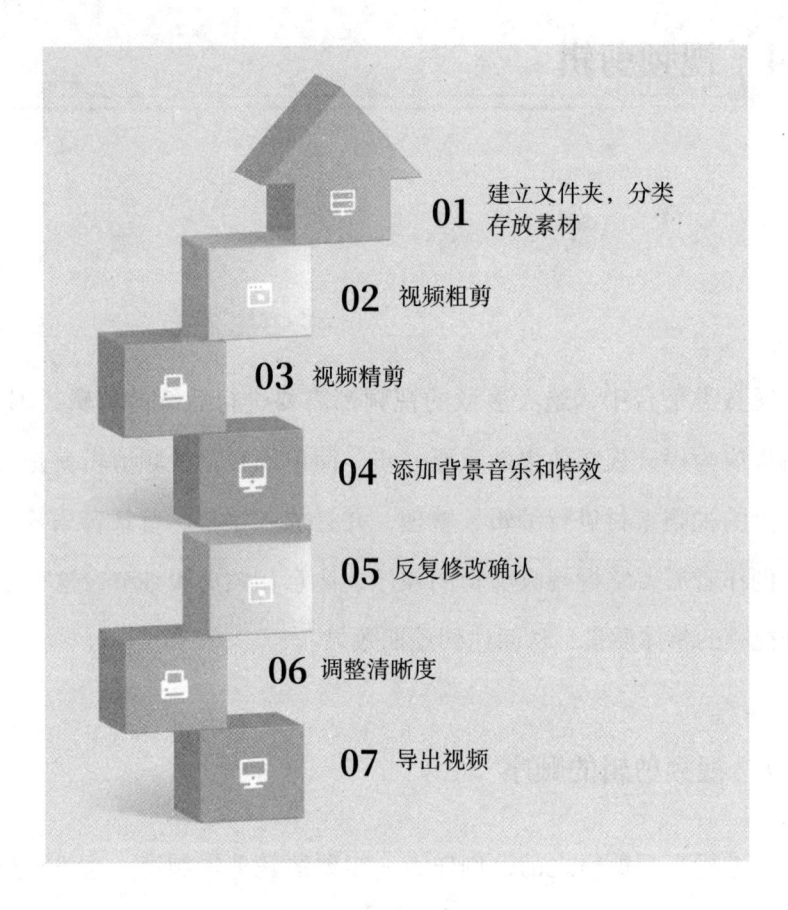

01 建立文件夹，分类存放素材

02 视频粗剪

03 视频精剪

04 添加背景音乐和特效

05 反复修改确认

06 调整清晰度

07 导出视频

视频剪辑流程

首先，创作者应该建立文件夹，根据脚本将大致需要的片段和素材放在相应的文件夹中。素材应该提前准备好，其他需要的背景音乐也要提前放置在文件夹中。然后，根据脚本进行粗剪，将需要的片段进行拼接和剪切。可以不用管节奏和过渡，只需要剪辑出大致的结构即可。精剪时需要添加合适的过场和特效画面，并且配合背景音乐的节奏进行剪辑。如果有配音，画面还要与配音进行匹配。最后，反复修改、确认视频剪辑没问题后，就可以设置清晰度，导出视频。

视频的精剪过程看似简单，实则是整个剪辑中最重要且难度最大的步骤。剪辑过程一定要保持耐心，反复观看，以保证视频的质量。

6.4.2 视频剪辑的细节

在视频的剪辑过程中，创作者还要注意一些细节方面的问题。有些细节可能关乎视频能否在平台过审及能否得到平台推荐。

★ 画质要保证清晰

视频的画质要保证尽量清晰，这不仅是观感问题，有时平台会认定画质模糊的视频为非优质视频并对其进行限流。因此，如果在视频中运用了某些特效，或者其他的处理形式，一定要在上传之前确认视频画质。

★ 视频中不要出现第三方软件

有些视频类平台是不允许视频中带有第三方剪辑软件的，如果有这类软件的介入，平台一般不会审核通过。而有些第三方剪辑软件，在片头和片尾很可能添加了自己的软件广告，创作者在剪辑过程中一定要去除这些第三方软件的水印，避免因此被限流。

★ 规避平台设置的敏感词语

大多数的视频类平台都需要规避一些敏感词语，尤其是短视频平台。在剪辑视频时，创作者一定要注意规避这类词语。尤其是在字幕中，如果出现了敏感词，很容易被平台审核出来，导致视频下架。因此，创作者在剪辑视频时，如果发现了这类词语应及时删除或替换。

运 | 营 | 智 | 慧

如何让视频衔接更加流畅

创作者在进行视频剪辑时，一定要确保视频片段之间衔接流畅，否则会导致视频出现跳跃感，影响用户观看的效果。那么，如何才能保证视频之间的衔接更加流畅呢？以下三招帮你搞定：

● 确保视频片段之间的关联性。多数视频都是几个片段对接而成的，所以要保证片段之间相互关联。如果两个片段之间彼此无关，那就要添加合适的转场来连接两个片段。

● 色调要保持统一。有些视频片段之间的画质和调色都不一致，在剪辑成一个视频后必定会让人产生割裂感。因此，创作者在整合视频后,一定要将色调保持统一。

● 混剪镜头尽量使用相似镜头组接。常见的混剪视频通常是多个影片进行的整合,在剪辑这类视频时,最好使用内容有联系、有相似性的镜头进行组接。

6.5 平台订阅、分成、补贴

平台订阅指的是用户在观看视频时，发现喜欢的、感兴趣的账号后，就可以对账号进行关注和订阅，并在"订阅"频道里观看账号最新更新的内容。账号订阅量能直观反映账号关注量与粉丝数。

一般来说，账号关注量、粉丝量是平台分成和补贴所参考的主要指标。也可以说，在某种程度上，粉丝量也体现了一个账号是否有资格获得平台的分成和补贴，以及是否有机会参与后续的广告变现或带货直播。

当视频账号做出一定成绩后，创作者就可以与平台合作，从而获得平台的分成和补贴。

平台通常是根据账号的订阅量和关注度，以及影响力来判断账号是否有资格获得分成和补贴，不同平台也会根据不同账号给予不同的分成方式。

不同的视频类平台通常有不同的分成方式。比如，B站是通过用户给账号的点赞、投币和收藏的数量，给予账号流量和分成的。当然，除此之外，B站还有一些激励计划，是针对有一定影响力的视频账号的奖励。而抖音给予创作者的分成通常是根据视频的关注度来判断的，主要是帮助其引流及进行一些推广。

平台补贴一般有两种，一种是数量补贴，另一种是关注补贴。数量补贴主要是平台根据账号提供的视频数量给予创作者一定的补贴，而关注补贴则是平台根据用户的关注程度来奖励创作者。这类补贴通常是平台内部的奖励计划，主要也是针对优质的创作者进行的。这两类补贴都能激励作者创作更多的优质内容，同时也希望能够吸引更多的流量和优质的创作者进驻平台。

其实，对于视频类创作者而言，平台的分成和补贴并不是主要的变现方式。如果想要变现还是需要通过广告植入，或者是通过视频带货的分成来实现。平台给予创作者最好的帮助莫过于账号引流与推广，引流与推广的力度越大，越能帮助创作者积聚流量，实现变现。

6.6 广告植入

广告植入是视频自媒体创作者最主要的变现方式，同时自媒体人也需要注意广告的植入方式和策略，好的广告植入方式既能帮助推广产品，又不会引起粉丝的反感。

6.6.1 广告植入的方式

视频类平台的广告植入方式大致包括剧情植入、场景植入、话题植入等。具体选择哪种植入方式，不仅需要配合视频的内容和形式，而且需要考虑受众的年龄层和经济实力等。此外，广告植入过程不能过于生硬，要能够激起用户的购买欲。

场景植入

剧情植入

话题植入

视频类平台的广告植入方式

剧情植入是很多短视频创作者在广告植入时都喜欢的一种植入方式，因为它可以配合剧情一起推进，也可以将广告词融入台词中，用户产生反感的可能性会大大降低，还可以通过剧情的推进激发用户的购买欲望。这种广告植入方式还可以结合热点话题，利用当下的热点流量"玩梗"，帮助增加广告词的趣味性。需要注意的是，这类植入方式一定要配合剧情，如果与剧情无关，会产生割裂感，引发用户反感。

场景植入比较委婉、自然，注重场景氛围，不会特别生硬地介绍产品优势，用户的接受度也比较高。通常生活类的账号多会选择这种方式进行广告植入，将产品当作对话中的道具或背景，随着视频的关注度上升，产品的宣传效果也就达到了。

话题植入基本是每一个视频广告都会使用的方式。话题植入就是在视频的简介或名称上贴上产品的话题。这种方式其实是由视频的关注度决定产品的广告效果，而且这种方式对视频本身的影响不大，视频可操作度更高，曝光量也会更高，同样用户的接受度也就更高。

广告植入的方式还有很多，但无论选用哪种方式，自媒体创作者都要在广告植入时精心制作脚本，避免影响原视频的效果。而且在植入前，创作者要对产品进行一定的市场调研，不然很容易因为一则广告影响自己的公信力。

6.6.2 广告植入存在的问题及优化策略

由于抖音、快手等视频类自媒体平台创作的门槛较低，平台上的创作者素质亦参差不齐，一些素质低下的自媒体人为了吸引消费者注意、快速获利，在广告植入过程中过分夸大产品功能或利用一些低俗、恶趣味满满的广告文案去提升点击量，严重影响消费者观感。

另外，一些自媒体人因为能力有限，在进行广告植入时一味地模仿、搬运其他创作者的广告植入创意，这也很容易引发观众的审美疲劳。创作者可参考如下的优化策略解决这些问题：

第一，明确产品特性及受众人群。想要让广告植入深入人心，首先要明确产品的特点、优势，再结合这些信息精准定位受众人群。前期做足准备后，再"量身定制"视频内容，这样能有效增强视频的点击量，达到预期的宣传效果。

第二，注重植入创意，侧面展示产品效果。广告越生硬、越不自然，越容易引起用户反感。想要平台不限流、用户满意，可以通过侧面进行产品展示。比如一款口红，直接将它拍成广告，用户可能会比较反感。但如果将其拍成一个涂了口红的女生引发了更多的关注，就可以将这个口红的效果通过侧面进行展示。整个视频可以拍成一个剧情，用"讲故事"的方式让用户接受，其效果会更好。

第三，集中产品卖点，适当夸张。广告最大的作用是激发需求、促进消费、夸大市场，因此，适当采取夸张手法宣传产品也是合理的。比如可以采取夸张的拍摄手法，将产品细节数倍放大，凸显产品主要卖点的同时，也能给观众带来更震撼的视觉效果。

当然，夸张并非浮夸，视频创作者在运用夸张手法时，一定要符合现实情况和视频逻辑，而不是歪曲事实，欺骗消费者。

6.7 短视频带货

短视频平台自上线以来尽管只有短短的几年时间，却已经成了营销的主要阵地，绝大部分的短视频自媒体人也是通过带货来实现变现的。

6.7.1 短视频的带货视频类型

短视频的带货视频类型主要分为三种：评测视频、种草视频和剧情视频。这三类视频的带货效果相对较好，用户的接受程度也较高。

评测视频的效果是可视化的，能够弥补很多人对于线上购物的困惑。评测视频通过真人体验和试用，全方位地展示使用效果。通过直观的感受，用户更容易接受产品。这类视频的带货能力极强，如果再配上娴熟的带货技巧，就可以让产品的广告效果达到极致。

种草视频是通过一些流量博主的推荐来推广产品。这类视频通常是由拥有一定流量的网红进行带货，由于他们的关注度很高，对于他们推荐的产品，粉丝接受程度也会更高。

剧情视频的制作相对复杂，主要是通过剧情来吸引关注度，通过直击观众的"痛点"来吸引流量，从而达到带货的目的。这类视频结合剧情进行，一般隐藏于剧情之间，不太会引发观众的反感。

6.7.2 短视频带货的长久之道

短视频带货其实是另一类广告植入。对于广告，观众一般比较敏感，因此带货前一定要考虑清楚，做好产品调研，防止因广告植入而导致账号"翻车"。

想要提升短视频带货效果，长久收获消费者信任，创作者就要注重内容优化、创意展现，以更优质的内容引爆销量。

另外，短视频带货想要让观众接受，一定要重视观众的体验感。比如，创作者要注重跟踪、收集消费者的反馈意见，及时对短视频带货内容进行调整。如果大多数消费者都反馈某产品体验极差，而博主却一直推荐，难免会让观众觉得博主不真诚。总而言之，想要发展好自己的自媒体事业，公信力是关键，万不可因为一点蝇头小利而影响账号的后续发展。

经典案例

注重用户体验才能形成良性循环

陈女士是抖音的一名小有名气的美妆类视频创作者,一直以来都是通过种草视频为品牌方带货。

有一天,陈女士发现自己的评论中有部分粉丝表示了对该产品的不满,并表示使用了该产品后自己的面部发生了过敏的情况。

了解了此事的来龙去脉以后,陈女士便又询问了几个购买过该产品的粉丝,发现都是同样的情况。陈女士十分气愤,便质问了品牌方。品牌方也给出了回应,表示产品在近期添加了新的配方,但在给陈女士介绍时并未如实告知这一情况,并且品牌方提供给陈女士试用的产品是之前的产品,而不是新品,随后品牌方也借陈女士的账号对此事进行了回应,还向粉丝道了歉。陈女士也为自己的失职向粉丝表示歉意,并承诺以后在带货方面会更加谨慎。

由于陈女士处理此事的态度端正,道歉和理赔都十分及时,粉丝并没有责怪她,反而认为她为人真诚。陈女士后续的关注度不仅没有受到影响,反而获得了更多的流量。

第7章

直播类自媒体运营与变现

新媒体时代，直播已经成为人们日常生活中存在感极强的一种传播形式，带货直播、游戏直播、健身直播、娱乐直播、教学直播、聊天直播等，为人们茶余饭后提供了不一样的休闲与娱乐方式。在这种情况下，直播也成为自媒体人打造IP、运营变现的一种有效方式。

7.1 常见平台：点淘、京东直播、抖音直播、多多直播

7.1.1 点淘

点淘就是改名之后的"淘宝直播"，它是阿里巴巴旗下的消费类直播平台，边看边买是其最大的特点。观众可以在观看直播的同时在线虚拟购物，体验产品。升级后的点淘采用"直播加短视频"双轨道并行的运营方式，全方位向用户推荐商品，促进购物与消费。

点淘上的直播涵盖了母婴、美容、时尚、美食、健身等诸多领域，通过直播，观众不仅可以看到直播产品的商品细节与实际使用效果，而且可以通过现场虚拟购物体验购物过程，同时印证了点淘的全新标语——"足不出户看世界"。

对于专注于带货的主播来说，点淘应用程序是一个很好的选择。

195

作为阿里旗下与淘宝绑定的直播平台，点淘应用程序专注于电商直播，无论是淘宝商家还是主播达人都可以得到平台的流量与品牌效应的加持，直接享受点淘直播带货带来的收益红利。

7.1.2 京东直播

与淘宝直播不同，京东并没有开发专门的直播应用程序，而是在京东应用程序上面开通了直播入口，无论是店铺商家还是直播达人都可以入驻京东直播，进行带货直播。

作为电商领域的头部品牌，京东强大的物流配送能力及自营产品运营能力在一定程度上吸引了很多用户，因此，京东的品牌优势也相应地变成了京东直播的一部分优势。京东在直播领域也花费了许多心思并投入了大量的资源。此外，京东直播也比较注重直播的内容，这对于进入直播间随便看看而不想直接消费购物的用户来说，体验感更好。因此，京东直播同样是专注于带货直播的主播们的明智之选。商家可以直接在直播间售卖店铺经营的商品，而达人则可以借助平台的政策扶持、流量扶持及自身人气，向粉丝们推荐优质商品，提高销售额，获得佣金，实现直播变现。

对于想入驻京东直播的主播来说，在直播脚本、直播内容及直播策划方面都需要认真打磨，高质量的直播内容对带货效果及直播热度而言都是很好的助推器。

7.1.3 抖音直播

抖音直播适合所有领域的主播。无论是游戏、教育、健身、影视、美食，还是带货，都可以在抖音直播领域争得一席之地。

不带货的主播可以通过平台直播奖励、粉丝的礼物打赏进行变现。抖音商城也为带货主播提供了便利，粉丝可以直接在直播间点击产品链接下单，既方便又容易操作。

对于新手来说，抖音直播同样友好。没有粉丝量的要求，只要开通抖音账号就可以进行直播。因此，抖音对于想要尝试用直播变现的自媒体人来说，是一个非常不错的选择。

7.1.4 多多直播

多多直播是拼多多开发的直播平台。相比于点淘与京东直播对于店铺权重或直播达人粉丝量的较高要求，多多直播就比较亲民了。拼多多对开设店铺及主播入驻的门槛相对较低，多多直播对平台所有用户开放，用户可以直接在个人中心开启直播，主播可以在直播间添加商品进行带货，同时可以开启打赏功能。多多直播的低门槛，对于直播新手来说十分友好，无论想体验直播的乐趣或想通过直播变现，都可以通过多多直播来实现。

7.2 账号注册

7.2.1 点淘直播账号注册

作为阿里巴巴旗下的直播平台，想要在点淘开通直播，无须重新注册账号，可以用淘宝账号同步登录，十分便捷。此外，在点淘开通直播，可以选择三种直播账号类型，即达人、主播和商家。

点淘直播账号的三种类型

达人账号适合某一领域的专家、网络名人等短视频创作者；主播账号适合有一定短视频创作能力或有直播能力的主播；商家账号适合具有行业资质且能够制作与商品相关的短视频的创作者，此外必须为淘宝商家。大致申请流程如下：

下载点淘应用程序，用淘宝账号直接登录平台。

点淘应用程序首页

点击首页右下角"我的"，进入后台页面；点击右上角的 ▤ 。

点淘应用程序后台首页

选择"创作者中心"。

选择账号类型，比如点击"短视频达人"；进行信息验证授权。

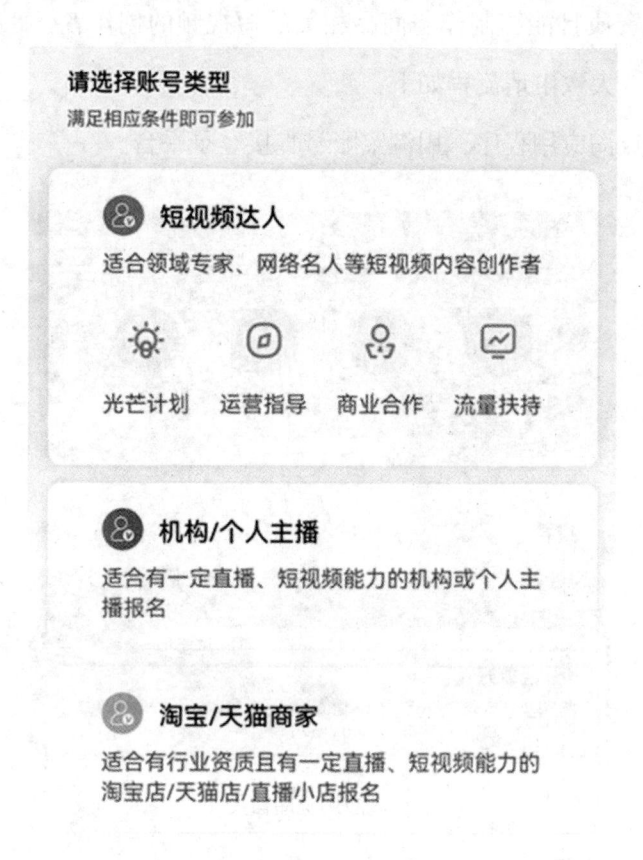

请选择账号类型
满足相应条件即可参加

短视频达人
适合领域专家、网络名人等短视频内容创作者

光芒计划　运营指导　商业合作　流量扶持

机构/个人主播
适合有一定直播、短视频能力的机构或个人主播报名

淘宝/天猫商家
适合有行业资质且有一定直播、短视频能力的淘宝店/天猫店/直播小店报名

点淘应用程序后台账号类型页面

点击"立即加入"；进行账号校验；填写基本资料。

提交资料，等待审核。

审核通过后，即可入驻点淘成为一名正式的主播，开启你的主播之旅。

7.2.2 京东直播账号注册

注册京东的直播账号，需要先在电脑端登录京东旗下的内容创作平台——京东内容开放平台，直接在后台申请京东直播账号，大致步骤如下：

登录京东内容开放平台；点击左侧导航栏中的"创作中心"；点击"渠道申请"。

京东内容开放平台后台"创作中心"页面

找到"京东直播"；确认满足条件，点击申请；填写资料；等待审核。

京东直播后台首页

审核通过，即可成为京东直播平台的主播。

需要注意的是，开通京东直播也有一定的条件限制，直播权限的申请门槛为：内容创作账号的活跃分需大于等于100分，内容效果分需大于等于50分，综合能力分需大于等于50分。

在直播权限申请资料方面：主要需要上传一段不少于30秒的自我介绍视频，手持身份证正面照片，京东内容账号需有一定的粉丝量。此外，需要有其他平台的内容创作账号且具有一定的粉丝量，账号发布的内容需具有电商属性且需要主播本人出镜。

7.2.3 多多直播账号注册

申请多多直播账号的操作比较简单，只需要下载拼多多应用程序，注册登录账号并填写个人信息后，即可直接进行直播。大致步骤如下：

登录拼多多应用程序，点击首页下方的"个人中心"。

进入个人中心页面；点击左上角的 。

拼多多应用程序"个人中心"页面

打开"我的资料"界面；点击"多多直播"。

拼多多应用程序"我的资料"页面

来到"多多直播"页面；更换封面；点击"开始直播"，便能开启你的多多直播之旅。

需要注意的是，下载拼多多应用程序后，可用微信账号或手机号直接登录。另外，在上传直播封面、填写直播主题时，主播需要根据提示一步步进行，点击"开播"后，即可开始直播。

7.2.4 抖音直播账号注册

作为一个短视频平台，抖音应用程序本身就有直播功能，账号注册与开通直播的流程也都非常简单，大致如下：

登录抖音应用程序；点击主界面下方的 ⊕ 。

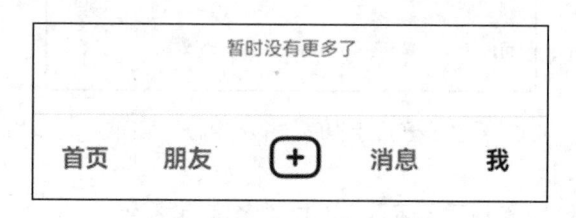

抖音应用程序首页

进入拍摄界面；点击"开直播"。

抖音应用程序拍摄界面

选择直播内容；添加封面；点击"开启视频直播"，便能立即开播。

7.3 选品

做带货直播，除了合适的平台、实用的内容与直播运营策略外，商品也是至关重要的。从某种角度来说，商品是整个带货直播的核心，好的商品不仅可以为主播赢得好的口碑，而且可以吸引众多回头客与转介绍用户。可以说，只有好的商品才可以帮助主播在直播带货的道路上走得更长久、更平稳。

7.3.1 基于粉丝画像进行选品

为观看直播的粉丝及关注账号的粉丝画像，对于选品来说是一个十分重要的参考标准。通过平台自带的粉丝分析功能，可以清晰地看到观看直播的用户或关注账号的粉丝的年龄、性别、地域及购物喜好等特征。通过这些特征来选择粉丝感兴趣的商品，可以在很大程度上提高直播带货的销量，为直播间创造更多的收益与价值。比如，如果直播间的观众大多数是30岁以下的年轻女性，那么在选品时就可以以美妆、服饰、时尚类商品为主。

7.3.2　基于账号定位进行选品

　　账号定位指的是账号创作短视频内容的方向。就抖音平台而言，如果账号发布的短视频是与运动健身有关的内容，那么直播带货的商品就可以选择瑜伽垫、健身衣、运动鞋、运动器械等；如果账号发布的短视频是与宠物有关的内容，那么直播带货的商品则可以选择宠物粮食、宠物驱虫药、宠物零食、宠物用品等，以此类推。

　　在账号具有一定粉丝基础的情况下，选择与账号定位相符合的商品更容易激起粉丝观看直播的兴趣及购买欲望。就点淘、京东、拼多多三个纯电商平台而言，所有达人或店铺账号发布的内容都需要与产品相关，因此，直播带货的商品最好与平时账号发布的产品视频同属一个领域。

7.3.3　基于热度进行选品

　　互联网时代，最不缺的就是热度。在做自媒体视频时，不仅账号发布的短视频或文章可以蹭热点，直播选品也可以蹭热度。夏天的防晒帽、防晒服，冬天的羽绒服，中秋节的月饼，某位明星带火的某种穿搭或饰品，都可以成为直播选品的参考方向。

在特定的时间如果某类商品的热度很高,就不妨大胆去蹭这个热度。即使销量不尽人意,也可以为直播间带来热度和流量,提高直播间权重,为今后的直播打下良好的基础。

经典案例

巧蹭热度,选品不愁

李女士是一位专注于食品类带货直播的主播,中秋节即将来临,李女士决定尝试蹭一波中秋节的热度,直播售卖之前从未卖过的月饼与大闸蟹。联系了几个供货商家之后,李女士开始在抖音直播售卖某品牌的月饼礼盒与阳澄湖大闸蟹。由于正值中秋加上品牌效应及较大的优惠力度,李女士第一天带货就将上架的几千单月饼礼盒与几千只大闸蟹全部卖光。

在中秋节之前,李女士又连续卖了3天,每天都将这两种商品售光。仅四天时间,李女士就完成了当月带货目标金额的20%。李女士领略到了蹭热度选品的红利,不由得感叹以后还得这么卖!

7.3.4 基于复购率进行选品

复购率也是帮助主播选品的一个关键因素,因为复购率反映了产品的受欢迎程度及消费者对产品的需求程度。如果某一类商品的复购率非常高，那么就可以将这类商品作为重点带货的商品之一。

7.3.5　对所选产品进行充分调研

作为一名带货主播，对所售卖商品进行充分调研是十分重要的环节，如果条件允许，亲自体验或试用产品也是十分必要的。只有这样，主播才能知道这款产品是不是一款好的产品，能否满足用户的消费需求，产品具体有哪些特性可以吸引用户买单，以及产品的使用方法等。可以说，充分了解产品或试用产品是对直播间粉丝负责的一种态度与行为。

7.3.6　选择正规的品牌、厂家或产品供应商，并获得品牌与供应商授权

在直播间购买主播推荐的产品，是用户和粉丝对主播的极大信任，投之以桃报之以李，作为带货主播，你需要对消费者负责。

正规的品牌与供应商在产品质量、产品体验、售后服务等方面都具有较好的保障，这些因素在很大程度上保护了消费者的购物体验，也影响着消费者对于主播的口碑与评价。

如果主播直播售卖的都是一些质量差、品牌不正规、售后无保障的产品，甚至某些产品还可能对消费者造成伤害或损失，那么他的直播之路又能走多远呢？

7.4 直播间布置

直播间的环境对于主播的发挥与整场直播效果都有着一定的影响。布置精致、引人注目的直播间，不仅可以吸引用户观看，而且有助于主播发挥。一般来说，背景墙是大多数主播都会选择的直播间布置元素。此外，书桌、沙发、饰品或书本等，也是很多主播都会选择用来装饰直播间的常用元素。具体来说，在装饰直播间时，主要有以下几种选择。

7.4.1 3D背景墙布——最方便的选择

就直播装饰而言，3D背景墙布是最便捷、最省心的一种选择。而且，3D背景墙布的成本较低，价格通常几十元。在各大电商平台很容易就能选到心仪的墙布。

与传统的壁纸或 KT 板不同，3D 背景墙布完美地将艺术与装饰相融合，从而营造出不同的场景、图案及装饰效果，3D 效果还能带来一种立体逼真的感觉。

对于直播新手而言，如果用于直播间装饰的预算有限，或者不知道该如何布置自己的直播间，3D 背景墙布或许是最佳选择。

7.4.2 美食直播间要激起观众的食欲

在众多直播领域中，美食直播总是能从视觉和味觉上带给观众不一样的体验与冲击，而这离不开美食直播间讲究的布置。

直播间要符合美食直播的氛围，与餐厅的装修是同样的道理，温馨、切题的布置才能激起粉丝的食欲，增加带货收入。在布置美食直播间时，主播可以放置一些厨具、食物，以及有食物或食材素材的背景墙。此外，主播还可以将直播间设置在餐厅，餐厅的桌椅及整体装修风格就是对直播间最好的布置。

7.4.3 电商直播间要展示商品

对于电商类直播间而言，让观众直观地看到商品是十分重要的。因此，将商品作为直播间的主要装饰是电商类主播装饰直播间时最常用的方法。

如果是卖衣服，那么可以在直播间多放置几个衣架，将主要售卖的衣服全都挂在上面，这样不仅方便主播试穿和介绍衣服，而且能充分展示直播间售卖衣服的多样性。如果是卖彩妆，各类彩妆产品就是最有优势和说服力的装饰。好看且好用的口红、气垫、粉底液、眼影等，本身对于观看直播的观众就会形成一种视觉冲击，能够激起观众的购买欲。

7.4.4 音乐类直播间要应景

就音乐类直播而言，直播间的布置既要体现主播在音乐领域的专业程度，又要让粉丝有置身于音乐会的感觉。专业麦克风和乐器是必不可少的，可以利用3D背景墙布营造出录音棚或演唱现场的效果。此外，如果有条件，在真实的录音棚或音乐教室做直播也是非常不错的选择，录音棚的专业设备及音乐教室的各种乐器本身就是对直播间最好的布置。

运｜营｜智｜慧

关于直播间的布置，有时少即是多

布置直播间的时候，并非装饰品与装饰元素越多越好，有时少即是多。直播间呈现在镜头前的空间十分有限，如果装饰品太多会让直播间看上去拥挤杂乱，视觉效果差，可能会导致粉丝刚进入直播间就匆匆离开。简单、干净、切题的直播间布置有时也能成为留住粉丝的工具。一张窗帘、一个书架、一个角落，可能都是最适合你的直播间。

所以,在布置直播间时,主播要充分依据自己的直播领域与主题来设计,而不要一股脑儿地往直播间塞装饰品,否则可能会起到反作用。

7.5 商品推荐

7.5.1 主播推荐商品时的语言艺术

主播是一个直播间的招牌和门面，主播的一言一行都影响着观众观看直播的体验及购买欲望。主播良好的语言和沟通能力对观众来说是最有说服力的。

首先，主播在推荐商品时的语言应具备一定的逻辑性。逻辑清晰、条理清楚的语言更能获得观众的信任与好感。主播在说话时前一句应与后一句有逻辑关系或联系，不能前一分钟介绍商品的特点和用途，在没介绍完的情况下，下一分钟又开始介绍商品的其他方面，这样观众不仅不能充分了解商品，而且会对主播失去好感。在直播推荐商品时，前言不搭后语是极为忌讳的。

其次，主播在推荐商品时的语言需要具备一定的感染力。真诚永远是最能打动人心的。在镜头面前，主播的语言应该是自然的、真诚的，这样才能让观众感受到主播的诚意和责任感。此外，主播还可以适当使用一些语言技巧，比如适当地夸张、含蓄地表达等，这样可以使语言更具感染力。

7.5.2 推荐商品时全面展示商品的优势

观看带货直播的观众最关心的就是商品，商品包装、商品细节、商品的用途用法、商品材质、商品使用效果等，这些都是消费者在购物时比较在意的方面，所以，主播在推荐商品时应尽可能全面地将商品的优势展示出来。

作为一名带货主播，应当用专业、精练的语言让观众了解商品的各个方面。比如，在推荐连衣裙时，主播应向观众详细讲解这款连衣裙的材质、颜色分类、适合人群、尺码信息等，最后进行试穿，让观众切实地观看到连衣裙的上身效果。

一名合格的带货主播应对其推荐的每件商品的每个细节都了如指掌，这不仅是对观众和粉丝的负责，而且是对自己直播间的负责。

7.5.3 竞品对比，突出优势

主播在推荐商品时，也可以妥善利用竞品，通过与竞品的对比，来突出自家产品的优势。产品的设计包装、制作材质、质量、价格等，都是可以用于对比的内容。不过，主播在用竞品对比时应注意遮挡竞品的商标或 Logo 等明显标志，不然就成了竞品的免费广告。

此外，主播在对比竞品时应该抱着客观、公正的态度，不要进行语言攻击或恶意诋毁，否则不仅不能达到预期效果，反而容易引起观众的反感或抵触心理，得不偿失。

7.6 粉丝互动与打赏

7.6.1 如何进行粉丝互动

观看直播的粉丝量与粉丝互动情况是衡量一场直播成功与否的关键因素。与粉丝的热切互动不仅可以使直播间的氛围变得更加热烈，而且能带动潜水、不发表言论的粉丝积极与主播进行互动，从而使直播间变得更加热闹、更有吸引力。

问候新进直播间的粉丝，是提高直播间互动性的最基本的方式之一。对粉丝真诚、亲切地问候，可以给粉丝带来良好的印象，还会触动粉丝与主播进行进一步的互动。粉丝刚进直播间的一段时间对于留住粉丝来说是至关重要的黄金时段，主播可以在不影响直播效果的情况下，说出粉丝的名字并加上欢迎词表示对其欢迎。此外，主播还可以利用与粉丝名字相关的话题来提升粉丝的好感，在直播间制造一个可以进行讨论的话题，从而增加粉丝们的互动性。

福袋、抽奖等活动也是促进粉丝互动的一种利器。很多直播间都有抽奖和向粉丝发放福袋的功能，主播可以准备一些小奖品在直播中为粉丝发放福利，这样既可以吸引粉丝长时间留在直播间观看直播，又可以引导粉丝发评论或弹幕进行互动。

与粉丝生活息息相关的话题能够有效引起粉丝的共鸣，增加直播间的互动。主播可以在直播时偶尔聊一聊与粉丝生活相关的话题，比如他们喜欢的城市、最常吃的一道菜、喜欢的电影类型、美好的回忆、工作中的不如意等。这样可以让粉丝充分参与到直播当中，直播间的互动性自然而然也就增加了。

7.6.2　粉丝打赏是需要理由的

直播除了带货变现，粉丝刷礼物打赏也是变现的一种重要方式。但是，粉丝为什么要对你进行打赏呢？其实，粉丝刷礼物也是需要理由的。

某主播唱歌好听，看他的直播心情愉悦，可以成为粉丝打赏的理由；某主播才华横溢，能讲出许多人生哲理，看他的直播可以学到很多新知识与人生感悟，可以成为粉丝打赏的理由；某主播推荐的服饰或化妆品性价比很高，品质与效果都很好，能够充分满足粉丝的要求，可以成为粉丝打赏的理由；某主播将自己的人生经历讲成一个个动人的故事，引起了粉丝的共鸣或治愈了他们的心灵，可以成为粉丝打赏的理由；某主播笑话或脱口秀讲得极好，粉丝在直播间可以收获很多的笑声与快乐,也可以成为粉丝打赏的理由。

总而言之,主播要有自己独一无二的特点,如精通乐器、擅长厨艺、博览群书、博古通今等都可以成为主播独特的优势,而这些都是直播间的粉丝为主播刷礼物打赏的理由。

7.7 坑位费与佣金

7.7.1 广告宣传——坑位费

坑位费是一些头部主播的重要收益来源。所谓坑位费，也可以理解为广告费。因为每场直播中主播能推荐的商品是有限的，只有被选中的产品才能得到主播的推荐，在主播的推荐之下，商品的销量会得到大幅度提升。此外，主播的人气与直播间的流量不仅会带来销量的增长，对于品牌和商家而言，这也是一次品牌曝光的机会，可以说，主播既为商家带货又给商家打了广告。而这个广告并不是免费的，商家需要支付相应的费用——坑位费。

在某种程度上，坑位费是商家对一位主播及其直播间的人气和流量的认可。所以，想要赚到坑位费的主播，就要积极提升自己的专业水平与人气值。

7.7.2 传统意义上的提成——佣金

佣金，指的是商家按照销售额的一定比例支付给主播的提成。一般来说，提成的比例不定，需要商家与主播达成协议。但有一点可以确定，主播的销售额越大，得到的佣金也就越多。因此，佣金的赚取对于主播的带货能力是一种较大的考验。

参考文献

[1] IMS天下秀.电子商务新媒体营销[M].北京：清华大学出版社，2020.

[2] 包金龙，邵嫣嫣.网络营销：工具、方法与策划[M].苏州：苏州大学出版社，2019.

[3] 郭春光，杨岚.抖音运营一册通：视频创作+营销攻略+引流变现[M].北京：人民邮电出版社，2019.

[4] 海天电商金融研究中心.玩转自媒体：商业分析+运营推广+营销技巧+实战案例[M].北京：清华大学出版社，2017.

[5] 郝兴伟.大学计算机：计算机应用的视角[M].济南：山东大学出版社，2018.

[6] 胡凯.玩赚自媒体：建号、引流、变现到IP打造[M].北京：中国铁道出版社，2020.

[7] 李非黛.短视频这么玩更赚钱[M].北京：中国经济出版社，2020.

[8] 李科成.个性化自媒体运营与推广一册通[M].北京：人民邮电出版社，2017.

[9] 李梅.人人都能做主播：网络直播、视频营销与推广一本通[M].北京：

清华大学出版社，2020.

[10] 林华安，等.新媒体平台运营实战从入门到精通[M].北京：人民邮电出版社，2019.

[11] 刘少杰，王建民.中国网络社会研究报告2017[M].北京：中国人民大学出版社，2018.

[12] 刘志同.自媒体兵法：案例+技巧+实战[M].北京：北京理工大学出版社，2016.

[13] 戚研.直播带货：淘宝、天猫直播从新手到高手[M].北京：民主与建设出版社，2020.

[14] 秦绪文.自媒体营销与运营实战：内容创作、平台推广与商业变现[M].北京：人民邮电出版社，2020.

[15] 邱如英.抖音头号玩家[M].广州：广东经济出版社，2019.

[16] 僧东，林仙子.那些想红的年轻人：自媒体人生存图鉴[M].北京：民主与建设出版社，2020.

[17] 施薇，李灿辉.自媒体营销[M].北京：中国人民大学出版社，2020.

[18] 谭贤.新媒体营销与运营实战从入门到精通[M].北京：人民邮电出版社，2017.

[19] 头条易.竖屏：短视频营销品效合一硬核方法论[M].北京：机械工业出版社，2019.

[20] 王德壹.专业导演教你拍好短视频[M].哈尔滨：黑龙江美术出版社，2020.

[21] 王易.微信营销与运营全能一本通：视频指导版[M].北京：人民邮电出版社，2018.

[22] 吴晨光.自媒体之道[M].北京：中国人民大学出版社，2018.

[23] 吴臻，俞雅琴. 新媒体运营 [M]. 武汉：武汉理工大学出版社，2019.

[24] 肖凭. 新媒体营销实务 [M]. 北京：中国人民大学出版社，2018.

[25] 殷中军. 引爆私域流量池 [M]. 北京：机械工业出版社，2020.

[26] 陈佳佳. 基于主题教学模式的商品拍摄课程教学的研究 [J]. 张家口职业技术学院学报，2016（2）：64.

[27] 梁丽红. 短视频广告植入现状及优化策略——以抖音为例 [J]. 西部广播电视，2022（3）：22-24.

[28] 马峰. 广告植入策略研究——在短视频传播中 [J]. 新闻研究导刊，2020（2）：202-204.

[29] 潘沛. 品牌消费视角下的商品详情页设计 [J]. 黄河之声，2017（16）：121.

[30] 王君洁. 论摄影构图的要素和技巧 [J]. 美术教育研究，2013（2）：45.

[31] 杨子娇. 自媒体传播特点和现状分析——以网络红人 papi 酱为例 [J]. 网络传播，2016（6）：86-88.